Cozinha
MODERNISTA

Cozinha MODERNISTA

HISTÓRIA, INGREDIENTES E RECEITAS DA COZINHA DO SÉCULO XXI

Gisela Abrantes | Paulina Mata

Editora Senac Rio – Rio de Janeiro – 2019

Cozinha modernista: história, ingredientes e receitas da cozinha do século XXI
© Gisela Abrantes e Paulina Mata, 2019.

Direitos desta edição reservados ao Serviço Nacional de Aprendizagem Comercial – Administração Regional do Rio de Janeiro.

Vedada, nos termos da lei, a reprodução total ou parcial deste livro.

Senac RJ

Presidente do Conselho Regional
Antonio Florencio de Queiroz Junior

Diretora Regional
Ana Cláudia Martins Maia Alencar

Diretor Administrativo-financeiro
Sylvio Britto

Diretora de Educação Profissional
Wilma Bulhões Almeida de Freitas

Editora Senac Rio
Rua Pompeu Loureiro, 45/11º andar
Copacabana – Rio de Janeiro
CEP: 22061-000 – RJ
comercial.editora@rj.senac.br
editora@rj.senac.br
www.rj.senac.br/editora

Editora
Daniele Paraiso

Produção editorial
Cláudia Amorim (coordenação), Manuela Soares (aquisição), Andréa Regina Almeida, Gypsi Canetti e Michele Paiva (copidesque e revisão de textos), Patricia Souza, Victor Willemsens e Vinicius Moura (design)

Fotografia
Rodrigo Azevedo

Impressão: Edigráfica Gráfica e Editora Ltda.
1ª edição: junho de 2019

CIP-BRASIL. CATALOGAÇÃO NA PUBLICAÇÃO
SINDICATO NACIONAL DOS EDITORES DE LIVROS, RJ

A143c

Abrantes, Gisela
    Cozinha modernista : história, ingredientes e receitas da cozinha modernista do século XXI / Gisela Abrantes, Paulina Mata. - 1. ed. - Rio de Janeiro : Senac Rio, 2019.
    208 p. ; 23 cm.

    ISBN 978-85-7756-464-4

    1. Gastronomia - Brasil - História - Séc. XXI. 2. Culinária. I. Mata, Paulina. II. Título.

19-57620
CDD: 641.5
CDU: 641.5

As imagens de uso contratualmente licenciado, aqui inseridas, pertencem à G & S Imagens do Brasil Ltda. e são utilizadas para fins meramente ilustrativos, o que se aplica, inclusive, a todos os exemplos, modelos e/ou indivíduos constantes deste material.

SUMÁRIO

Prefácio — 8

Apresentação — 12

Introdução — 16

Capítulo 1: História da gastronomia — 22

Capítulo 2: Gastronomia molecular — 30

Capítulo 3: A cozinha modernista — 34

Capítulo 4: Equipamentos e utensílios — 42

Capítulo 5: Espumas, emulsões e emulsionantes — 56

Capítulo 6: Hidrocoloides – agentes gelificantes e espessantes — 68

Capítulo 7: Goma xantana — 72

Capítulo 8: Metilcelulose — 84

Capítulo 9: Ágar — 92

Capítulo 10: Alginato de sódio — 104

Capítulo 11: Maltodextrina — 126

Capítulo 12: Goma tara — 132

Capítulo 13: Nitrogênio líquido ou azoto — 138

Capítulo 14: Filmes comestíveis — 144

Capítulo 15: Receitas com produtos brasileiros — 152

Considerações finais — 158

Receitas desenvolvidas para o livro — 162

Referências — 166

Anexos — 176
I – Glossário de cozinha modernista — 177
II – Cronologia da gastronomia molecular e antecedentes — 182
III – Personalidades — 186
IV – Filmes sobre gastronomia — 196
V – Estruturas químicas — 199
Agradecimentos — 204
Sobre as autoras — 206

Como chef e azeitólogo, estudioso de um alimento ancestral produzido há mais de 8 mil anos, sempre fui adepto da cozinha tradicional, que nos remete a memórias sensoriais afetivas, de preparos simples que valorizam sempre o ingrediente e sua origem. Ao mesmo tempo, por ser o azeite o principal objeto de meus estudos, o tempo todo estive atento às inovações.

Minha maior proximidade com a Gisela e meu primeiro encontro com a Paulina se deram em um curso de cozinha molecular no Senac RJ em 2013, ocasião em que tive um contato próximo e prático com esse mundo de inovações culinárias. Naquele mesmo ano, também no Senac, eu e Gisela iniciamos a formação de um grupo de alunos na unidade Copacabana. O propósito era conduzir a turma a realizar pesquisas no laboratório de cozinha dessa mesma unidade, em uma iniciativa que se alinhava ao objetivo da edição deste livro: melhor divulgar os fundamentos dessa nova cozinha, somando-se ao conhecimento o uso do azeite.

Já havia provado preparações nas quais espumas, esferas e emulsões diversas eram protagonistas nos pratos, mas nunca tinha me dado à curiosidade de saber como eram elaborados. Ao observar ali o respeito e o cuidado com o ingrediente para valorizá-lo ao máximo, por meio das mais distintas técnicas, fascinei-me!

Ao ler *Cozinha modernista*, tracei um paralelo com o livro do antropólogo e biólogo norte-americano David Wrangham, intitulado *Pegando fogo: porque cozinhar nos tornou humanos*, publicado em 2009. Em sua tese, o autor afirma que um antepassado imediato do *Homo sapiens*, o *Homo erectus*, dominou o fogo e o cozimento há quase 2 milhões de anos e possibilitou, assim, que tivéssemos acesso tanto a nutrientes quanto a hábitos que nos transformariam de vez. Segundo Wrangham, o momento de transição que deu origem ao gênero *Homo*, uma das grandes transições da história da vida e da evolução de nossa espécie, veio do controle do fogo e do advento das refeições cozidas. O cozimento aumentou o valor da comida, mudou nossos corpos, nosso cérebro, nosso uso do tempo e nossa vida social.

Ao esmiuçar os princípios da gastronomia molecular, com base em princípios e conceitos – enumerando equipamentos, utensílios e todo tipo de material envolvido na elaboração da cozinha modernista –, Paulina e Gisela nos fornecem ferramentas para melhor compreender toda a influência que o conhecimento acadêmico dos processos químicos e o uso de novas tecnologias trouxeram para a vida na cozinha. Com isso, fica claro que a linha do tempo com a evolução do nosso modo de comer desde os tempos da pré-história ora determina o nosso modo de vida, ora é determinado por ele.

Vivemos um tempo em que a velocidade e o ritmo de nossas atividades criaram o período de maior privação sensorial da história da civilização humana. A pasteurização dos alimentos, fruto dos processos industriais de beneficiamento em nome da produção em massa, nos roubou boa parte de nossa capacidade de discernir cheiros, texturas e sabores. O hábito familiar de sentar-se à mesa foi substituído pelas poltronas de TV, cadeiras de computador, balcões e outros lugares onde comer passou a ser um ato menor, fugaz e quase volátil, de tão imperceptível.

O que me chamou a atenção na leitura deste livro é ele prover maior capilaridade do conhecimento sobre novas possibilidades de se fazer comida, nas quais os aspectos sensoriais ganham nova dimensão. A *Cozinha modernista* de Gisela e Paulina evidencia que o desenvolvimento da tecnologia da era moderna chegou à cozinha e o preparo alimentar pode ganhar novas maneiras de expressão, o que está ao alcance de todos os artesãos da comida e amantes do fazer culinário, dedicados ao aprimoramento de técnicas e à criteriosa escolha de ingredientes. Este livro é feito para eles!

Marcelo Scofano

Prefácio

APRESENTAÇÃO

Nas últimas duas décadas ocorreram grandes transformações no mundo da cozinha, incluindo a introdução de novas técnicas. Apesar do interesse dos estudantes, os assuntos em questão ainda não são sistematicamente abordados nos programas das escolas de cozinha. A falta de formação e de técnicas causa, e perpetua, mal-entendidos, além de ser responsável direta pela utilização de ingredientes de baixa qualidade.

Nosso trabalho em *Cozinha modernista* contribui para informar estudantes de gastronomia e cozinheiros profissionais, que estudam e trabalham no Brasil, da importância da gastronomia molecular e, em particular, das novas técnicas de cozinha.

Logo, surgiu a ideia de fazer uma obra adaptada à realidade brasileira sobre essa temática. O livro foi, então, organizado em 15 capítulos, nos quais são apresentados aspectos históricos da gastronomia, sobretudo no que diz respeito às transformações sucedidas nas duas últimas décadas. Além disso, são introduzidas técnicas culinárias recentes.

No primeiro capítulo será oferecida uma breve retrospectiva histórica dos vários movimentos gastronômicos, com foco na nouvelle cuisine e no papel da gastronomia molecular. Também são revelados os principais chefs e cientistas envolvidos nesse processo.

Nos demais capítulos, apresentamos uma visão teórica e prática dos diversos aditivos alimentares, suas características relevantes e seus usos na indústria alimentar e na cozinha.

As receitas do livro incluem uma variedade de trabalhos práticos originais, cuja finalidade é propor ingredientes e técnicas de modo criativo para compreender a cozinha de vanguarda e, ainda, atender a restrições alimentares e dietas específicas.

Neste livro busca-se sensibilizar, informar e formar os estudantes e profissionais da área de gastronomia com relação ao desenvolvimento dos últimos 15 anos no universo de gastronomia, por meio das novas técnicas culinárias – fundamentos, aplicações e treino na sua utilização. Isso possibilitará a formação de uma nova leva de profissionais que venham a se beneficiar, e beneficiar o mercado, da contribuição da ciência na cozinha.

Com a tendência atual de uma cozinha situada no tempo e no espaço, em que a sazonalidade e o acesso a ingredientes locais são cada vez mais valorizados, e também para uma melhor aceitação e entendimento da gama de potencialidades dessas técnicas, consideramos importante adaptá-la a sabores e produtos brasileiros.

Haja vista que o potencial de utilizar essas técnicas para responder a requisitos dietéticos específicos, decorrentes de patologias ou opções alimentares, é uma via a explorar, essa vertente é levada em conta no desenvolvimento do livro. Em geral, esse aspecto não é realçado ou explorado na transmissão de conhecimentos sobre as técnicas em questão.

Para tal, foi montado um programa a fim não só de transmitir esse conhecimento mas de ensinar os leitores a desenvolver a criatividade em novas receitas, com o uso de hidrocoloides e outros ingredientes comuns na cozinha modernista.

Os textos apresentados no livro reúnem informação básica para profissionais e estudantes. Para isso, adotam uma linguagem simples e exemplos familiares, os quais lhes tornam possível uma melhor compreensão.

Todas as experiências com novos equipamentos e novos produtos desenvolvidas na cozinha exigem um grande esforço de aquisição de conhecimentos e realização de testes, além de uma grande liberdade de pensamentos que apoiem a criatividade necessária às novas ideias. Tudo, é claro, ao longo do trabalho, que foi evoluindo conforme o domínio das técnicas e do conhecimento sobre os produtos.

Durante 12 meses foram utilizados diferentes ingredientes para criar receitas originais e alcançar, assim, resultados distintos. Estas, com receitas de outros autores, constituem a parte prática deste livro.

Apresentação

INTRODUÇÃO

Alimentar-se é uma necessidade de todos os seres vivos. No início de sua existência, o homem colhia frutos, sementes e caçava para comer. Depois, começou a domesticar e criar animais e a enterrar sementes para as plantas crescerem. Com o tempo, desenvolveu métodos de conservação, aumentando o tempo de vida útil dos alimentos com o uso de técnicas como salga, secagem e defumação. As mudanças na dietética, nos meios de obtenção e conservação dos alimentos marcam um importante passo para a humanidade, tanto para a evolução da espécie quanto para o surgimento das grandes civilizações. Hoje, para a maioria das pessoas, o alimento está disponível no momento da fome, pronto para ser ingerido. (Flandrin & Montanari, 2007)

A ritualização dos hábitos à mesa faz com que a refeição seja não apenas um momento de satisfação das necessidades fisiológicas, mas, sim, um espaço de interação e diferenciação em que os comensais trocam experiências, expõem seus gostos particulares, discorrem sobre as propriedades dos alimentos servidos e apreciam sabores, cores e texturas dos pratos que fazem parte do menu, entre outros temas recorrentes do hábito de se alimentar.

Se, por um lado, a correria da vida moderna e a facilidade com que se tem acesso às refeições prejudicam, sobremaneira, o prazer das refeições compartilhadas e a qualidade do que se come, por outro, ela transforma o momento de comer em grupo em um ritual cada vez mais valorizado (Fernández-Armesto, 2004). Os recentes progressos da alta gastronomia são o reflexo desse homem mais e mais complexo, ávido por saciar sua fome e seus desejos, respeitar suas restrições alimentares – seja por religião, seja por crença ou saúde – e ainda proporcionar entretenimento.

A introdução de novos ingredientes, técnicas e equipamentos da cozinha modernista possibilitou que cozinheiros, em especial o chef catalão Ferran Adrià, subvertessem a estrutura dos menus, modificassem as texturas dos alimentos, criassem pratos bem inusitados e tornassem a refeição uma experiência lúdica – na qual o comensal é induzido a exercitar todos os sentidos. Não basta comer, é preciso saber de onde vêm os alimentos, como eles são transformados e o porquê de serem apresentados daquela maneira (Todoli & Hamilton, 2009). Palavras como "criatividade", "inovação" e "emoção" são quase um jargão no cenário da gastronomia atual.

Na cozinha, podem distinguir-se dois tipos de abordagens: uma tradicional e outra autoral. A primeira consiste basicamente na repetição de receitas desenvolvidas ao longo de séculos, contribuindo porventura para uma evolução lenta. O cliente vai à procura de um prato que satisfaça expectativas bem definidas. A cozinha autoral, por outro lado, baseia-se na inovação, criatividade e sensibilidade do chef, acrescentando, com frequência, aspectos lúdicos à refeição. Nesse caso em particular, o cliente quer ser surpreendido com novas experiências sensoriais, procura aventura e não a segurança e o conforto que lhe dá uma refeição tradicional. A esse tipo de cozinha costuma associar-se o termo "gastronomia molecular" (Van der Linden et al., 2008; Mata, 2009), termo esse bastante polêmico, em muitas ocasiões utilizado de modo equivocado, como veremos mais adiante.

A palavra "gastronomia" vem do grego γαστρονομία (gastronomia), sendo formada por γαστήρ, γαστρός (gaster, gastrós – estômago, digestão) mais o elemento de composição grego νομία (nomía). As palavras constituídas por esse termo designam uma disciplina, uma função ou uma caracterização. Por sua vez, "nomía" deriva de νόμος (nomos = hábitos, regras, leis, normas). Uma possibilidade de tradução literal seria: a disciplina dos hábitos do estômago. De maneira corriqueira, porém, referem-se à gastronomia como a "prática e conhecimentos relacionados com a arte culinária" (Houaiss et al., 2009).

E de onde se origina o termo "gastronomia molecular"? Qual é seu significado? Qual é a diferença entre "gastronomia molecular" e "cozinha molecular"?

A colaboração entre ciência e cozinha não é algo novo. Desde já podemos citar vários cientistas que dedicaram uma parte do seu trabalho investigativo a uma melhor compreensão dos fenômenos culinários: Lémery, Geoffroy le Cadet, Cadet de Vaux, Lavoisier, Darcet e Justus von Liebig. Já outros se destacaram no desenvolvimento de equipamentos e utensílios que tornaram o trabalho na cozinha menos árduo e mais preciso, tais como: Denis Papin, Benjamin Thompson e Count Rumford. Por fim, não esqueçamos aqueles que percorreram o caminho inverso, ou seja, partiram do campo da prática e experimentação para a observação científica em busca de entender como a ciência poderia explicar o que se passava diante deles, nas suas panelas e caçarolas, na mesa posta. Entre os cozinheiros e gastrônomos que podemos destacar, constam: Aspicius, La Varenne, Menon, Carême, Brillat-Savarin e Escoffier. (This, 2006 & Cassi, 2011)

Em 1992, a professora de culinária americana Elizabeth Caudry Thomas e o físico alemão Nicholas Kurti deram início à promoção de uma série de encontros na cidade de Erice, Sicília, denominados International Workshop on Molecular and Physical Gastronomy. Nos workshops não se pretendia aprofundar a investigação em nível molecular – como no caso da biologia molecular, da qual tomou emprestada parte do seu nome –, muito menos se enfatizava a inovação em cozinha. O foco principal era o estudo da cozinha tradicional, como ela opera e como ela poderia evoluir ao usar conceitos da física e da química a fim de compreender melhor os processos culinários.

Introdução

No total, 6 workshops foram promovidos em 13 anos. Esses eventos foram o pontapé fundamental para o desenvolvimento de uma disciplina científica, formalizada na dissertação de doutorado do físico-químico francês Hervé This (1996), que se voltava para a investigação dos processos de transformação dos alimentos na culinária: a gastronomia molecular. (Dória, 2007)

Apesar da presença e colaboração de renomados chefs de cozinha como Pierre Gagnaire e Heston Blumenthal, nenhum cozinheiro espanhol compareceu aos encontros (McGee, 2008). Contudo, é importante lembrar que Ferran Adrià começou seus trabalhos em cozinha técnico-conceitual em 1994 e inaugurou seu laboratório para investigação científica, o elBulli Taller (elBulli. Cronologia, s.d.), em 1997, isto é, em paralelo aos seminários que impulsionariam o estudo e a disseminação da ciência na cozinha, o chef catalão começava a consolidar um estilo de cozinha autoral que viria a influenciar permanentemente a alta gastronomia.

No entanto, Adrià reconhece que, após uma palestra de Hervé This, em Biarritz, sua vida mudou completamente: "Graças a essa descoberta compreendi que meu estilo podia seguir uma nova direção e, desde logo, algumas ideias que coloquei em prática no [restaurante] elBulli, e que se transformaram em verdadeiro sucesso, nasceram naquela conferência." (Dória, 2007)

Assim sendo, mesmo que a cozinha de vanguarda[1] ou modernista não seja uma consequência direta da gastronomia molecular, deve-se levar em conta que os avanços advindos da colaboração entre cozinheiros e cientistas influenciaram sobremaneira toda uma nova geração de chefs pelo mundo, como podemos verificar nas parcerias de Pierre Gagnaire com Hervé This, na França; Heston Blumenthal com Peter Barham, na Inglaterra; Andoni Luis Aduriz com o centro de investigação AZTI Tecnalia, no País Basco; Ferran Adrià com Pere Castells, na Espanha; Ettore Bocchia com Davide Cassi, na Itália. (Cassi, 2011)

De 2003 a 2005, a União Europeia financiou o projeto Introduction of Innovative Technologies in Modern Gastronomy for Modernisation of Cooking (INICON), cujo objetivo era modernizar a gastronomia, transferindo ingredientes e tecnologia da indústria de alimentos para a da restauração. (Cassi, 2011)

Entretanto, todo grande movimento de vanguarda abriga, em seu seio, um grupo de formadores de opinião que dão cara e corpo ao movimento e, além disso, são responsáveis pelas grandes revoluções no cenário cultural. Mas há, também, os que executam cópias de pratos sem qualidade e fazem com que a proposta, muitas vezes, chegue distorcida ao grande público.

Por exemplo, a nouvelle cuisine, com sua genial contribuição para a simplicidade e leveza nos pratos, acabou sendo caracterizada pelas porções mínimas, pelo sabor medíocre e pelos preços exorbitantes. O mesmo se passou com a cozinha modernista, na qual a sinergia entre cozinha e ciência trouxe consigo desconfiança, em particular relacionada com a utilização de aditivos alimentares.

---

[1] Esta já recebeu diversas denominações, passando por cozinha de vanguarda, molecular, tecnoemocional e modernista, só para listar alguns exemplos. Por questão didática, utilizaremos a expressão "cozinha modernista" para mencionar esse movimento no presente trabalho por razões que serão elucidadas quando descrevermos melhor quais movimentos que, agrupados, constituem a cozinha modernista.

Trabalhar com os aditivos recém-introduzidos na cozinha requer uma série de cuidados especiais, como poderemos ver ao longo do trabalho proposto. Lidar com esses ingredientes é uma tarefa que requer tempo, ensaio, tentativa e erro até alcançar o resultado desejado. Logo, a quantidade de cozinheiros que fazem mau uso de tais aditivos acabou por tirar o foco da proposta de trabalho e da genialidade de certos artistas, mestres na arte de inovar, de surpreender o comensal.

Soma-se a isso o fato de alguns chefs começarem a se sentir preteridos e a espalhar rumores sobre a segurança do que estava sendo servido nos restaurantes.[2] Todo esse cenário foi bastante noticiado na imprensa, gerando muita polêmica e fortes reações tanto contra como a favor, o que, por sua vez, levou muitos outros chefs a se distanciarem do movimento da cozinha molecular. (Cassi, 2011)

Para entendermos melhor a diferença entre gastronomia e cozinha molecular, vamos elucidar o seguinte ponto: enquanto a gastronomia molecular se ocupa de coletar e investigar as crenças culinárias (*précisions culinaires*) presentes nas técnicas e elaborações da cozinha, modelando e examinando minuciosamente as receitas existentes, a cozinha molecular busca o emprego desse conhecimento na prática, de maneira a introduzir novas ferramentas, produtos e métodos para o preparo dos alimentos. (This, 2013)

Esse foi o início de todo um conjunto de mudanças profundas nos processos de produção de alimentos em pequena escala, mais até na alta gastronomia, e na relação dos consumidores com os alimentos. Surgiram novos e inovadores movimentos culinários, caracterizados por conceitos, linguagens e abordagens técnicas. Nesse processo, a investigação e a transferência de conhecimento científico foram componentes relevantes e que despertaram a atenção da mídia. Todavia, dado que essas transformações continuam sendo muito recentes, ainda é imaturo discernir o que é tendência e moda do que são transformações permanentes na prática culinária.

Introdução do ensino da ciência e de novas técnicas culinárias na formação de cozinheiros

> Eis aí, em linhas gerais, o domínio da gastronomia, domínio fértil em resultados de toda espécie, e que só poderá crescer com as descobertas e os trabalhos dos cientistas que vão cultivá-lo, pois é impossível que, em poucos anos, a gastronomia não conte com seus acadêmicos, seus cursos, seus professores e suas indicações de prêmios.
>
> Primeiro, um gastrônomo rico e zeloso realizará em sua casa encontros periódicos, nos quais os pesquisadores teóricos se reunirão aos artistas para discutir e aprofundar as diversas partes da ciência alimentar.
>
> (Brillat-Savarin, 1995)

A transmissão dos conhecimentos produzidos pelos estudos em gastronomia e cozinha modernista nas escolas de cozinha não foi sistematicamente implementada até o momento, havendo pouca informação sobre esse tema na literatura. Importa ressaltar que já existem no mercado excelentes opções de leitura para os estudantes de gastronomia, como no caso do livro do Harold Mcgee, *On food and cooking: the science and lore of the kitchen*. Contudo, são poucas as unidades

---

[2] Em especial o chef Santi Santamaria em seu polêmico livro La cocina al desnudo, cuja versão em português se intitula A cozinha a nu: uma visão renovadora do mundo da gastronomia.

de ensino que contam com cozinha-laboratório para a prática das atividades de pesquisa culinária e científica; adquire-se conhecimento, de modo pouco sistemático e aprofundado, em cursos práticos de curta duração ou cursos apenas teóricos com vídeos demonstrativos on-line. (Universidade Metodista de SP, s.d.)

Nos Estados Unidos, o conceito de Culinology®, uma fusão de artes culinárias com ciência dos alimentos, foi introduzido em 1996 pelo Research Chefs Association (RCA). A essência da culinologia baseia-se no conhecimento rigoroso, na estética e em expressões sensoriais experimentais que estudiosos e profissionais desenvolvem, bem como em aspectos emocionais aplicados no campo da culinária. A culinologia é ensinada em muitos programas universitários de gastronomia, principalmente nos Estados Unidos. De fato, o RCA aprovou 14 programas de graduação em culinologia, cada um dos quais com características únicas e vantagens para os futuros alunos. (Research Chefs Association, s.d.)

Cursos que relacionam a ciência com a gastronomia são ensinados na Holanda, na Dinamarca e na Irlanda, por exemplo. No caso da Irlanda, são oferecidos módulos de gastronomia molecular na oferta curricular dos alunos de Culinary Arts, do Dublin Institute of Technology (Burke, 2012). O mestrado em ciências gastronômicas (Fct.unl, s.d), embora não direcionado com exclusividade para cozinheiros, é um curso pioneiro nessa área. Em um contexto menos formal, Hervé This também organiza, há vários anos, seminários em gastronomia molecular na AgroParisTech, em Paris. (AgroParisTech, s.d.)

No Brasil só existem cursos esporádicos, de curta duração. Entretanto, congressos que relacionam a ciência com a gastronomia, em uma abordagem mais profunda, começaram a surgir em 2013, mais em Fortaleza (Ceará) e em Uberlândia (Minas Gerais). Nos dois casos, o programa incluiu palestras e workshops práticos de gastronomia molecular no programa, os quais foram ministrados por nós.

Com apoio nosso e do grupo de pesquisa, em novembro de 2013, o Senac RJ organizou um curso sobre cozinha molecular. Uma vez que houve muito interesse pelo curso, isso determinou a formação de duas turmas: uma para chefs renomados do mercado e outra para profissionais e estudantes de gastronomia.

A motivação para desenvolver esse trabalho surgiu da necessidade de esclarecer aos estudantes e profissionais da área de gastronomia, no Brasil, o real significado dos movimentos recentes no mundo da cozinha e de dar a eles a oportunidade de usar os conhecimentos adquiridos no dia a dia para se beneficiarem da contribuição da ciência na cozinha.

Consideramos importante, ainda, inserir o ensino sobre novos equipamentos, ingredientes e técnicas que caracterizam a cozinha modernista na formação de profissionais da gastronomia (cozinheiros e professores). Só assim será possível transmitir esse conhecimento de maneira sistemática e sólida.

Capítulo 1

> L'Art Culinaire, pour la forme de ses manifestations, dépend de l'état psychologique de la société; il suit nécessairement et sans pouvoir s'y soustraire les impulsions qu'il reçoit de celle-ci.
> (Escoffier, 2001)

História da gastronomia

> É inegável que, na última década, uma abordagem científica da cozinha produziu um grande arsenal de novas técnicas e receitas – maior que em qualquer outro período da história – e introduziu novos ingredientes, equipamentos e utensílios. É provável que muitas dessas invenções tenham vida curta. Muitas outras, porém, serão comumente utilizadas em restaurantes e cozinhas domésticas, tornando-se parte da tradição culinária.
> (Cassi, 2011)

De fato, a tradição culinária não consiste em um conjunto de velhas e imutáveis receitas; ela afigura-se como uma espécie de linguagem – estruturada sob a forma de ingredientes, pratos, técnicas e rituais, conjugados por uma gramática em comum – e, como tal, envolve uma adaptação contínua ao percurso histórico dos povos e às necessidades do presente.

O propósito deste livro é familiarizar o leitor com alguns aspectos importantes da história da evolução da cozinha, de modo a compreender que esta envolve uma evolução contínua e lenta, mas que, entretanto, alguns períodos apresentam uma dinâmica sem precedentes.

Será transmitido também conhecimento sobre as principais personalidades responsáveis pelo processo de transformação da gastronomia ao longo da história, mais especificamente na cozinha modernista.

A cozinha clássica

A culinária francesa, referência mundial na alta gastronomia, nasceu no século XVII. Os livros franceses remanescentes dessa época mostram uma cozinha bem condimentada, sobretudo pelo uso indiscriminado de especiarias. Do mesmo modo, as cozinhas da Inglaterra, da Península Ibérica e da Itália se caracterizavam pelo uso dos mesmos condimentos.

Entre 1650 e 1660, os chefs e autores de livros de culinária franceses começaram a adotar uma abordagem nova e radical, que visava utilizar ingredientes frescos. Vários personagens se destacaram nesse período e, posteriormente, na cena gastronômica francesa, dos quais podemos destacar: La Varenne, Menon, Brillat-Savarin, Carême e Escoffier. (Myhrvold et al., 2011)

François Pierre de La Varenne (1618-1678)

Com a publicação em Lyon, no ano de 1651, do *Le cuisinier françois*, de François Pierre de La Varenne, tem-se um importante marco na história da precisão e estabilização das receitas, pois pela primeira vez eram especificados tanto a quantidade dos ingredientes como o tempo de cozimento (France & Vitaux, 2000). Sua obra, composta de diversos livros que se caracterizam pelo rigor teórico, pode ser considerada a "primeira grande revolução da arte culinária francesa". (Robuchon, 2001)

La Varenne propõe ainda, nessa obra: o preparo de um *roux* para engrossar molhos, em substituição às migalhas de pão que eram usadas na maioria das ocasiões; a primeira receita de que se tem conhecimento do molho bechamel; o uso de claras de ovo para clarificação de caldos; e um molho quente emulsionado feito com gemas de ovos, que originou o famoso *hollandaise*. (La Varenne, 1651)

Menon (século XVIII)

Várias obras são atribuídas a Menon, gastrônomo francês do século XVIII. O sucesso, que fez com que vários dos seus livros fossem republicados, contrasta com a quase inexistência de informações biográficas sobre sua pessoa. Na monumental *Nouvelle biographie générale* (Hoefer, 1861), Menon é designado como um "erudito gastrônomo" e seus escritos chegam mesmo a ser qualificados como não "superados pelos trabalhos, mais recentes, de Beauvilliers e de Carême". Seus principais livros são:

- *Nouveau traite de cuisine* (1739);
- *La cuisiniere bourgeoise* (1746);
- *La science du maître d´hotel cuisinier, avec des observations sur la connaissance et la propriete des aliments* (1749);
- *Les soupers de la cour, ou l`art de travailler toutes sortes d`aliments pour servir les meilleurs tables* (1755);
- *Traité historique et pratique de la cuisine* (1758);
- *Le nouveau cuisinier français* (1749);
- *Manuel des officiers de bouche* (1759).

Jean-Anthelme Brillat-Savarin (1755-1826)

Brillat-Savarin não foi um chef de cozinha; contudo, seu livro *A fisiologia do gosto* (1795) pode ser considerado a certidão de nascimento do que conhecemos atualmente como gastronomia. Esse texto não linear apresenta reflexões filosóficas, conselhos dietéticos, receitas, conjecturas históricas e anedotas sobre o ato alimentar e seu simbolismo. O livro, que teve apenas quinhentos exemplares publicados, pagos pelo próprio autor pouco antes da sua morte, não tardou a ter sucesso. Seu estilo peculiar, entre o irônico e o perspicaz, tornou-se referência na língua francesa e foi citado por escritores como Balzac. (France & Vitaux, 2008)

Nascido em Belley, descendente de advogados, seguiu a mesma carreira familiar. Foi eleito para os Estados Gerais, nos alvores da Revolução Francesa; deputado, para a Assembleia Constituinte; em seguida, prefeito e comandante da Guarda Nacional de Belley. Com a radicalização da Revolução Francesa, teve que se exilar, em um primeiro momento, na Suíça e, mais tarde, nos Estados Unidos. Retornou à França em 1796; no ano de 1800, passou a ocupar o cargo de conselheiro da Corte de Cassação, cargo este em que permaneceria até sua morte, em 1826. (France & Vitaux, 2008)

A importância de Brillat-Savarin reside no fato de ser não um cozinheiro mas alguém que pensa o ato de se alimentar e tudo mais que este implica, típico espírito de uma época em que se vê surgir a figura do gastrônomo. Brillat-Savarin insere-se nesse conjunto de homens voltados para as letras "que não se contentam em comer, mas que refletem sobre a mesa, intelectualizando a boa mesa, fazendo da cozinha uma ciência e uma arte e objetivando seus prazeres" (Bibliothèque Municipale de Dijon, s.d.).

Marie-Antoine Carême (1784-1833)

Carême iniciou sua carreira no estabelecimento de Bailly, proprietário de uma confeitaria e tratoria. Ali, logo se distinguiu na arte da confeitaria e, com o apoio de Bailly, pôde estudar desenho de arquitetura. Esse estudo seria importante no desenvolvimento de sua obra gastronômica, pois ele se sobressaiu pela criação de pratos ornamentais, verdadeiras estruturas da arquitetura gastronômica. Talleyrand, o hábil político que atravessou diversos governos, era cliente de Bailly e contratou Carême como seu cozinheiro, cargo que manteve por 12 anos. (France & Vitaux, 2008)

Carême dedicou-se vários anos ao estudo da gastronomia da Roma Antiga. Mesmo sem apreciar as receitas, inspirou-se nos elementos decorativos dos ambientes da antiguidade romana para a realização de sua "cozinha de aparato".

Esse tipo de cozinha de Carême caracteriza-se por ter como destino banquetes e jantares das ricas cortes europeias em várias das quais trabalhou, como a de George IV da Inglaterra, a de Alexander I da Rússia, a do Príncipe de Wutemberg e a da Princesa Bagration. Carême ficou igualmente famoso ao cozinhar para elementos destacados da sociedade, incluindo Napoleão Bonaparte e a abastada família dos Rothschilds, de Paris. Ficou, por essa razão, conhecido como o "rei dos cozinheiros e o cozinheiro dos reis" (France & Vitaux, 2008).

Carême desenvolveu uma culinária compatível com a nova França, pois entendia que a cozinha era tanto uma arte quanto uma ciência. Além disso, foi precursor na adoção de padrões de higiene mais rigorosos nas cozinhas dos restaurantes, na apresentação de pratos que valorizassem a estética, na utilização de ingredientes de qualidade e na prestação de um bom serviço. (Myhrvold et al., 2011)

Com relação aos utensílios de cozinha, Carême "modificou a forma da caçarola para fiar o açúcar, concebeu formas e preocupou-se até mesmo com o formato do chapéu dos cozinheiros. Atribuem-lhe a criação do vol-au-vent e dos *grosses meringues*". Mas, além de "confeiteiro incomparável", foi também o homem dos molhos e dos caldos – são listadas 186 receitas francesas e 103 estrangeiras no *L'art de la cuisine*. (Robuchon, 2001)

Georges Auguste Escoffier (1846-1935)

Auguste Escoffier nasceu em um vilarejo da Provence, no sul da França. Pouco depois de completar 13 anos, em 1859, seu pai decidiu que ele seria cozinheiro e o levou para Nice, cidade essa que ainda pertencia ao Reino da Sardenha. François Escoffier, irmão de seu pai, era proprietário do Restaurant des Français, um restaurante de sucesso, desde 1856, e foi lá, em uma cozinha caótica e entre homens rudes, que o pequeno Escoffier se tornou aprendiz. (James Escoffier, 2008)

E foi ao dirigir as cozinhas do Grand Hôtel National de Monte-Carlo que ele conheceu César Ritz, fundador da cadeia de hotéis que levou seu nome. Essa parceria, verdadeiramente mítica para a hotelaria e para a gastronomia, perduraria até o fim da vida de Ritz, que morreu em 1918, mesmo depois de Escoffier ter continuado a trabalhar no Carlton de Londres – que fora inaugurado por Ritz – até o ano de 1921, quando se aposentou. (James Escoffier, 2008)

A importância de Escoffier consiste na criação e no estabelecimento de receitas que seriam consideradas inabaláveis paradigmas da gastronomia francesa até, pelo menos, o início da nouvelle cuisine – a mais famosa, sem dúvida, é a sobremesa *pêche melba*. Entre seus vários livros, o *Le guide culinaire* é, sem sombra de dúvida, aquele que se tornaria a "bíblia" da cozinha clássica francesa (2001). Mas a influência de quem foi chamado por Guilherme II, imperador da Alemanha, de "imperador dos cozinheiros" estende-se também à organização do trabalho na cozinha. Escoffier deu ordem e racionalização às brigadas das grandes cozinhas: estas eram divididas em *parties*, equipes especializadas, e cada um dos membros deveria executar certa atividade específica na preparação dos pratos. (James Escoffier, 2008)

A famosa sobremesa *pêche melba* de Auguste Escoffier (*Le guide culinaire*, 1903).

Escoffier morreu em Monte Carlo, Mônaco, em 1935, aos 89 anos. Seu legado, como o de todos os clássicos, passou a ocupar o ambíguo lugar entre a sagração e a reação dos arautos das novas tendências, como bem sintetizou James Escoffier (2008):

> Depois do desaparecimento de Escoffier, sua obra foi sendo convertida na anódina 'cozinha internacional', que se generalizou pela hotelaria do mundo todo em uma demonstração de que a ideia de 'comer à francesa' mesmo fora da França, de viajar sem abandonar a terra firme da alta culinária, era de fato tentadora, apesar de, ao mesmo tempo, frágil. A alienação da 'cozinha internacional' em relação aos contextos em que se implantou acabou por derrotá-la, fazendo surgir, mais uma vez na França, o movimento renovador da nouvelle cuisine. É justamente esse contínuo decair e renascer que faz com que a cozinha francesa apresente um vigor sem igual. E é por isso mesmo que Escoffier, como se verá, [...] é uma figura eterna da gastronomia mundial.

A nouvelle cuisine

A tradição da cozinha francesa, de final do século XIX e primeira metade do século XX, encarnava-se em especial na figura mítica de Auguste Escoffier (1846-1935), como afirma Rambourg (2011): "Para gerações de cozinheiros, os preceitos do *Le guide culinaire* foram referência absoluta. A cozinha francesa instalou-se então em uma confortável letargia: a inovação foi, por fim, banida." A valorização das cozinhas regionais, das décadas 1920-1930, pode ser considerada uma reação ao *status quo*: as cozinhas dos grandes hotéis internacionais já não eram mais percebidas como expressões legítimas da cozinha francesa. No entanto, a Segunda Guerra Mundial e os tempos difíceis, que a ela se seguiram, estancaram, em grande parte, os impulsos de inovação.

Para o chef Raymond Oliver (1909-1990), do restaurante Grand Véfour, os ares de mudança começaram a se fazer sentir. Em 1955, Oliver publicou seu *Art et magie de la cuisine*, em que manifestava sua nova posição diante da tradição, "não como um precursor, mas como um 'libertador' que se contentava em faltar às aulas e levava em conta o novo gosto da época" (Rambourg, 2011). Para Oliver, a cozinha não seria, em si mesma, estática; sua grande evolução teria acontecido ainda na primeira metade do século XX, com o advento do frio artificial. Com isso, os chefs, então, poderiam fazer uso dos produtos frescos e livrar-se, passo a passo, das amarras das salgas e marinadas.

Oliver também apostaria na inovação do prato único, o que haveria de se tornar a regra na nouvelle cuisine. A atenção voltava-se para o prato e não mais para a grande variedade do cardápio; por conseguinte, iniciava-se a tendência de limitar as opções oferecidas pelos restaurantes. O prato único seria, para os novos tempos que se iniciavam, a obra de arte, a peça única de uma ourivesaria gastronômica.

Contudo, aquela que poderia ser chamada a "Revolução Francesa da Gastronomia" se daria a partir dos anos 1960, divulgada por dois críticos gastronômicos, Henri Gault (1929-2000) e Christian Millau. (Steinberger, 2009)

Gault et Millau estavam convictos de que em um pequeno bistrô ou em um luxuoso restaurante era possível encontrar a mesma qualidade na comida, pois "não seria o ambiente do comensal que faria o sucesso de uma cozinha, mas o talento do chef que a prepararia. A arte culinária deveria viver por ela mesma, e isso, com certeza, era uma ruptura com a tradição" (Rambourg, 2011).

Essa característica é compartilhada com a publicação do livro *La grande cuisine minceur*, de Michel Guérard. Nessa obra, o chef propunha a conciliação entre a arte gastronômica e a preparação de pratos dietéticos. André Guillot (1908-1990) endossava a tendência ao criticar os elementos supérfluos no preparo de pratos, e "essa busca pela 'leveza' se traduzia na evolução e na concepção dos molhos" (Rambourg, 2011).

Guillot também denunciava o que denominou "cozinha lança-chamas", ou seja, a flambação de pratos de maneira não conscienciosa, meramente pelo espetáculo das chamas diante dos convivas. Sua denúncia continha implicações mais vastas, tratava-se de uma crítica à "cozinha do maître", em que os pratos eram finalizados no salão. Assim, um dos traços característicos da nouvelle cuisine, a finalização dos pratos passaria agora a ser da exclusividade do chef e da sua brigada, o que auxiliava na valorização do prato único como um "micropalco", por excelência, da mise-en-scène gastronômica. Essa encenação teria lugar no recesso da cozinha; ao conviva caberia apreciar a "peça" pronta e irretocável.

No final do ano de 1973, Gault et Millau materializaram os princípios norteadores desse conjunto de ideias e práticas que vinham revolucionando o panorama gastronômico da França, ao publicarem o artigo "Vive la nouvelle cuisine" (Steinberger, 2009). Aí lemos "os dez mandamentos da nouvelle cuisine" (Gault & Millau, s.d.).

1. Não cozerás demais os alimentos.
2. Usarás produtos frescos e de qualidade.
3. Tornarás teu cardápio mais leve.
4. Não serás sistematicamente modernista.
5. Buscarás o que as novas técnicas podem proporcionar.
6. Evitarás as marinadas, fermentações, faisandages etc.
7. Eliminarás os molhos "ricos e substanciosos" (*espagnole*, bechamel etc.).
8. Não ignorarás a dietética.
9. Não trapacearás em tua apresentação.
10. Serás inventivo.

Na apresentação dos pratos, a cozinha francesa assimilou influências externas. O minimalismo japonês serviu de principal inspiração para a decoração dos pratos. (Freire, 2011)

Deve-se assinalar a abertura às novas tecnologias que foi empreendida pelos fundadores do movimento e continuada por seus herdeiros: "Os novos cozinheiros deveriam mostrar-se curiosos das técnicas de vanguarda e utilizar mixers, sorveteiras, assadores automáticos, descascadores e trituradores." (Rambourg, 2011) Era a gastronomia que, enfim, se abria, incorporando as aquisições da ciência e da tecnologia que tão logo haviam crescido no decorrer do século XX.

Entre os chefs responsáveis pela inovação daquele momento estavam Paul Bocuse, Michel Guérard, os irmãos Jean e Pierre Troisgros, Alain Chapel, Alain Senderens e Roger Vergé. Apesar de esse movimento chamado de nouvelle cuisine ter ficado conhecido pelo mundo na data anteriormente mencionada, vale a pena lembrar que Pierre Troisgros e Paul Bocuse trabalharam na cozinha do chef Fernand Point, que havia algum tempo já vinha aplicando essas novas tendências em seu hotel-restaurante La Pyramid, na cidade de Vienne. (Ribeiro, 2005)

> A cozinha de Point tinha um toque pessoal e criativo, derivado da grande e antiga tradição de Escoffier, mas simplificada, podada da ostentação palaciana comum aos restaurantes de hotéis das grandes cidades, onde era mantida como orgulho da casa e onde ele aprendeu o ofício como aprendiz, *commis* e *sous-chef*.
>
> (Chelminski, 2007)

Ele não tinha receio de preparar os pratos mais simples:

> Fosse qual fosse o prato, no entanto, Point era intransigente quanto à frescura: nada era armazenado, nada era preparado e deixado guardado desde o dia anterior. Ele insistia que sua culinária iniciava-se a cada dia com uma cozinha despida, e começava do zero [...]. A teimosia de Point resultava em um trabalho meticuloso para sua equipe, mas assegurava que apenas os produtos mais frescos e as confecções de melhor qualidade fossem para o prato de seus clientes.
>
> (Chelminski, 2007)

Entretanto, as profundas raízes do surgimento, sucesso e triunfo da nouvelle cuisine podem estar relacionadas com as características de uma nova sociedade, marcada pela individualidade, cada vez mais exacerbada; pela sofreguidão por novas tecnologias; pela dificuldade em lidar, ao mesmo tempo, tanto com a tradição quanto com a busca pela novidade a qualquer custo; e, por fim, pela preocupação com a estética corporal, em muitos momentos camuflada sob a aparência do cuidado com a saúde. Rambourg (2011) conclui a respeito da nouvelle cuisine: "A renovação culinária foi bem real, vivemos sob seus princípios."

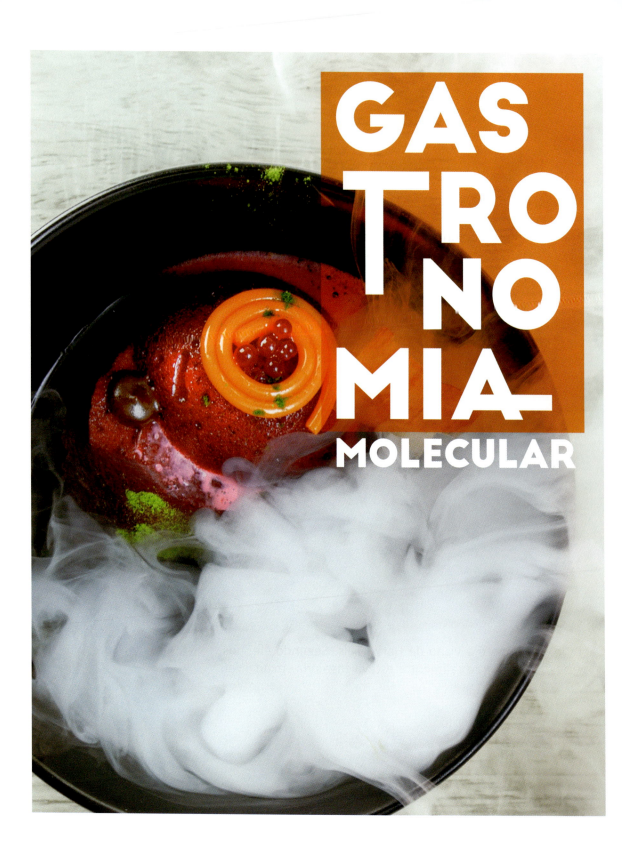

Capítulo 2

A gastronomia molecular tem sua origem em uma série de encontros para cientistas e profissionais da alimentação, chamados International Workshop on Molecular and Physical Gastronomy. Tais encontros tiveram lugar em Erice, na Sicília, e a princípio foram sugeridos e organizados por Elizabeth Thomas, na companhia de Nicholas Kurti. O foco estava na cozinha tradicional, nas reações químicas e físicas por trás das preparações e em como esse conhecimento poderia contribuir para a evolução da ciência dos alimentos. (McGee, 2008)

O nome "gastronomia física e molecular" veio em substituição ao título provisório de "ciência e gastronomia", para soar mais acadêmico. A palavra molecular inspira-se na biologia molecular, área da biologia que busca estudar as formas de vida em nível molecular, com especial ênfase no código genético. (McGee, 2008)

Em 1998, com a morte de Kurti, Hervé This encurtou o nome dos seminários para "gastronomia molecular" e se tornou o grande porta-voz desse movimento.

As ideias discutidas nos encontros, que acabaram por criar o embrião para a gastronomia molecular segundo McGee (2008), nunca tiveram a ambição de formalizar uma nova área do conhecimento. O público que comparecia aos eventos era, em sua maioria, de cientistas e profissionais da indústria alimentar; em alguns casos chefs se interessaram pelos encontros.

Contudo, essa não é a visão de Hervé This. Segundo ele, nos anos 1980, a ciência dos alimentos estava engajada em analisar a composição e as propriedades dos alimentos, saber como eles atendem às demandas do nosso organismo pela óptica das propriedades nutricionais e conhecer os métodos desenvolvidos para processar os alimentos em escala industrial. Pouco havia mudado no que diz respeito aos métodos tradicionais de preparo dos alimentos. This e Kurti teorizaram sobre a cozinha com a pretensão de formalizar essa nova disciplina, um ramo das ciências dos alimentos, o que foi efetivado em 1988. Já em 1995,

Hervé This (2006) defende sua tese de Ph.D. sob o título "La gastronomie moléculaire et physique". Todavia, no final da década de 1990 é que começam a surgir grupos de investigação dedicados a esse tema em várias instituições e, em consequência, a produção de material acadêmico.

Objetivos

Os principais objetivos da gastronomia molecular eram, segundo This (2006):
- coletar e investigar as "crenças culinárias" presentes nas técnicas e elaborações da cozinha;
- modelar e examinar minuciosamente as receitas existentes;
- introduzir novas ferramentas, produtos e métodos para o preparo dos alimentos;
- inventar novos pratos usando o conhecimento oriundo dos três objetivos já citados;
- usar o apelo da comida sobre as pessoas para promover a ciência em novas esferas.

Entretanto, apenas os dois primeiros objetivos podem ser considerados "verdadeiramente" científicos, sendo estes os enunciados principais da disciplina de gastronomia molecular. O terceiro e o quarto objetivos não são nada além de aplicações tecnológicas e inovações culinárias, não a força real de uma investigação científica mais aprofundada. O quinto objetivo é tão só uma aplicação educacional dos quatro enunciados listados. (This, 2006)

Há alguns anos, com a intenção de desfazer o grande mal-entendido que se criou ao relacionar a gastronomia molecular com a inovação, This (2013) publicou o artigo "Molecular gastronomy is a scientific discipline, and note by note cuisine is the next culinary trend" para desmistificar a informação difundida de que a gastronomia molecular e a cozinha molecular eram sinônimas.

Nesse mesmo artigo, o autor acrescenta o componente "arte" aos objetivos da disciplina segundo a percepção de que a avaliação de um prato pelo indivíduo é uma questão de arte e não de técnica. Logo, a atividade de cozinhar envolve uma questão artística de fundamental importância. Além disso, This (2013) acrescenta ser crucial entender o contexto social e propõe, assim, uma revisão para o programa de gastronomia molecular com base em quatro enunciados:
- explorar cientificamente as "crenças culinárias";
- coletar e testar as informações técnicas recolhidas;
- explorar cientificamente o aspecto artístico da cozinha;
- explorar cientificamente o aspecto social da cozinha.

Diálogos entre a ciência e a cozinha

O método científico para compreender as propriedades dos alimentos e tentar esclarecer os fenômenos sucedidos nos processos culinários vem sendo utilizado há alguns séculos, como veremos na próxima seção (Gastronomia molecular). A ciência clássica dos alimentos desenvolveu-se primeiro associada à cozinha, mas aos poucos passou a voltar-se mais para as características dos alimentos e os aspectos relacionados com sua produção industrial.

Gastronomia molecular

Mais tarde, Nicholas Kurti e Hervé This demonstraram que muitas técnicas culinárias usadas no cotidiano, e resultantes de uma aproximação empírica de séculos, podem ser explicadas com base na composição dos alimentos e alterações físicas e químicas decorrentes da sua preparação.

No livro *A fisiologia do gosto*, Brillat-Savarin (1825) define gastronomia como "o conhecimento fundamentado de tudo o que é relativo ao homem enquanto ser que se nutre". A gastronomia molecular produz esse conhecimento aprofundado, em que se considera a constituição molecular dos alimentos. É uma ciência interdisciplinar, que envolve a física, a química, a biologia e a bioquímica, assim como a fisiologia, a psicologia e a sociologia.

Esse diálogo entre a ciência e a cozinha possibilitou, também por parte dos grandes chefs, ilusionismos culinários (apresentação de um alimento sob a forma de outro), a quebra da fronteira entre o doce e o salgado, a ênfase no serviço em pequenas porções e, no menu-degustação, o estímulo à reflexão do comensal.

Contudo, a imprensa mundial se interessou pelo tema assim que o chef catalão Ferran Adrià, do restaurante elBulli, começou a surpreender seus clientes com pratos inusitados e inovadores, tais como Parrillada de verduras al aceite de carbón, Espuma de judías blancas con erizos, La menestra de verduras en texturas, Caviar sférico de melón, Aceitunas verdes sféricas-I e Papel de melocotón 'tramontana' (elBulli, s.d.). A cozinha de Ferran Adrià, apoiada em novos ingredientes, equipamentos e técnicas, transformou o aspecto visual dos pratos ao apostar em texturas criativas (gelatinas quentes, espumas de sifão, encapsulamento com alginato, papéis e filmes comestíveis etc.), temperaturas alternadas no mesmo prato, desenvolvendo novas sensações e emoções nos comensais.

Cronologia da gastronomia molecular e antecedentes

Em termos de gastronomia molecular, que se entende como a criação de conhecimentos relacionados com as técnicas culinárias, podemos destacar vários momentos na história como importantes contribuições para essa disciplina, os quais estão apresentados no Anexo II.

Esse trabalho entre a ciência e a cozinha logo influenciou diversos autores, alguns dos quais, inclusive, participaram de maneira ativa dos seminários e publicaram livros sobre o tema, tais como: Peter Barham (*The science of cooking*), Robert L. Wolke (*O que Einstein disse a seu cozinheiro – Volumes 1 e 2*), Ferran Adrià / elBulli Taller & Alicia (*Léxico científico-gastronômico*) e Nathan Myhrvold (*Modernist cuisine*). Isso sem incluir as várias obras do próprio Hervé This.

Inúmeros chefs também foram influenciados pelos avanços trazidos pela gastronomia molecular, dos quais podemos citar: Ferran Adrià, Albert Adrià, Juan Mari Arzak, Martín Berasategui, Pedro Subijana, Carmen Ruscalleda, Joan Roca, Andoni Luis Aduriz, Quique Dacosta, Dani Garcia, Heston Blumenthal, René Redzepi, Pierre Gagnaire, Marc Veyrat, Thierry Marx, Massimo Bottura, Carlo Cracco, Thomas Keller, Grant Achatz, Wylie Dufresne e David Chang. (Cuaderno Apicius, 2007)

Capítulo 3

Antes de iniciarmos, é importante fazer um parêntese para justificar a adoção da expressão "cozinha modernista". Tão logo entendermos que a expressão "cozinha de vanguarda" é muito vaga e atemporal, toda cozinha que rompe com os valores passados pode ser considerada de vanguarda, como foi o caso da própria nouvelle cuisine. Tampouco "cozinha molecular" soa apropriado haja vista a possibilidade de ser entendida como uma extensão prática, ou seja, uma aplicação dos conhecimentos oriundos da gastronomia molecular para a elaboração de novas ferramentas, técnicas e produtos, o que não caracteriza um movimento culinário em si. Além disso, o termo "cozinha tecnoemocional" não se aplica ao estilo culinário de muitos chefs da atualidade – que seguem a vertente da cozinha neonaturalista. Desse modo, optamos por utilizar a expressão "cozinha modernista", na falta de uma melhor, para fazer referência aos movimentos de vanguarda gastronômica da atualidade.

Influências

Como visto em menção à nouvelle cuisine, a revolução culinária que surge desse movimento faria transformações permanentes na culinária francesa, na qual toda uma geração de chefs ilustres vai beber nas premissas da "nova cozinha" e também incorporar um estilo próprio, entre os quais podemos destacar: Jöel Robuchon, Jacques Maximin, Pierre Gagnaire, Michel Bras e Alain Ducasse.

Particularmente, três estilos de cozinha vão se destacar: o "conceitualismo" de Maximin, o "mediterranismo" de Ducasse – por seu turno inspirado por Roger Vergé – e o "naturalismo" de Bras.

Vamos recorrer ao esquema de Pau Arenós para melhor visualizar essas influências ao longo do tempo. (Cuaderno Apicius, 2007)

Cozinha Modernista

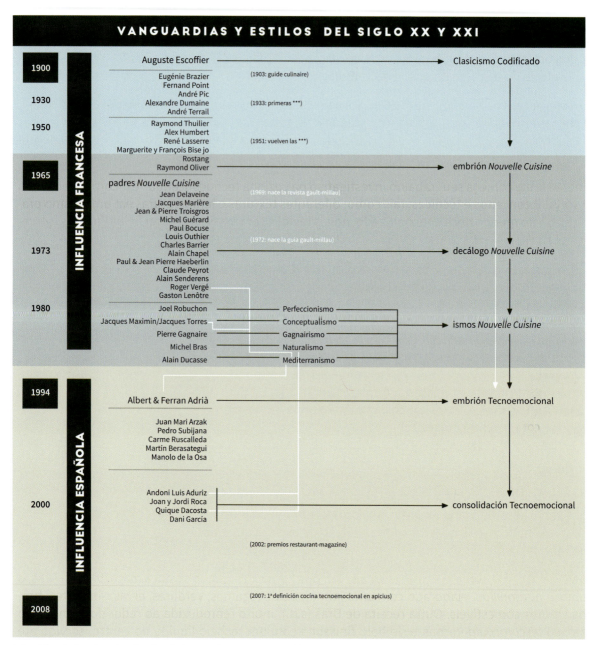

Infográfico de Pau Arenós sobre "Períodos, movimentos, vanguardas e estilos dos séculos XX e XXI da alta gastronomia no Ocidente" (Cuaderno Apicius, 2007).

Ferran Adrià relatou várias vezes que teria resolvido revolucionar com a cozinha do elBulli, seu restaurante (Anexo III), após uma palestra de Maximin, na qual este, indagado por um de seus ajudantes sobre o que seria criatividade, respondeu de maneira muito precisa que "criatividade é não copiar". Maximin não tinha a menor ideia do quão poderosas seriam suas palavras, visto que

Adrià, intrigado com essa frase, resolveu abandonar os livros de cozinha e dedicar-se a uma cozinha inteiramente conceitual e criativa, cujos menus jamais se repetiam de um ano para o outro e todos os pratos deveriam apresentar, até então, algo não explorado pela equipe criativa do seu laboratório de testes, o elBulli Taller. (elBulli, s.d.)

Por sua vez, a cozinha que Adrià desenvolvia no seu restaurante, desde o momento que ascendeu a chef, sempre teve uma presença acentuada do Mediterrâneo, com seus produtos e combinações de sabores. Essa característica permanece de modo marcante na cozinha do chef catalão, sobretudo no período que vai de 1987 a 1993. (elBulli, s.d.)

Em 1994, ele começa seu trabalho investigativo na cozinha tecnoconceitual e incorpora ao menu do elBulli conceitos e técnicas, tais como: diferentes texturas e temperaturas em um mesmo prato, fusão do mundo doce com o salgado, novos raviólis sem massa e com recheios líquidos, sorvetes e caramelos salgados, espumas com sifão e gelatinas quentes.

Em 2000, Adrià dá início a seu extensivo trabalho de catalogamento, definindo o que chama de "mapa evolutivo", isto é, um esquema no qual se identificam os parâmetros que possibilitam definir as mudanças que são introduzidas na cozinha do elBulli. Esse trabalho culminou, em 2002, na publicação da série de livros denominados *Catálogo general*, um para cada período que define uma mudança de paradigma na cozinha desse chef. A partir de 2003, ele começa a fazer uso mais intensivo de aditivos alimentares e equipamentos laboratoriais na tentativa de descobrir novas aplicações e desenvolver pratos impossíveis de ser criados de outra maneira, como: encapsulamento com uso de alginato, criando "caviares" pela técnica da esferificação básica e inversa; "ares" de lecitina e sucroéster; espumas liofilizadas; gelatinas das mais variadas formas e texturas, obtidas com a aplicação de carrageninas e outros gelificantes; frutas e legumes impregnados de essências obtidas pelo uso de vácuo; e caramelos de frutas moldados e secos em desidratadora.

Adrià influenciará então muitos chefs com sua busca tecnoconceitual, entre os quais Adoni Luiz Aduriz, Joan Roca e Quique Dacosta. O estilo de um chef francês, porém, permeará a cozinha dos dias atuais – podemos citar Michel Bras com seu naturalismo. Talvez pela grande polêmica criada em torno do uso de aditivos alimentares em alta gastronomia, muitos cozinheiros busquem se distanciar desse estilo consolidado por Adrià e partam em busca da cozinha do *terroir*, com seus produtos exclusivos, muitas vezes obtidos diretamente da natureza pelo extrativismo ou por meio da parceria com agricultores locais. Um prato, em especial, se destaca na cozinha de Bras, o famoso *gargouillou*, elaborado com uma infinidade de legumes, verduras, ervas, sementes, brotos e flores comestíveis. Outra receita de Bras (s.d.), muito reproduzida ao redor do mundo, é o famoso *biscuit coulant*: massa de bolo finíssima com um recheio líquido no centro, servido até hoje em seu restaurante em várias versões.

O primeiro discípulo de Bras no universo da cozinha espanhola pode ser um criador da cozinha tecnoemocional, o chef Adoni Luiz Aduriz, do restaurante Mugaritz (Anexo III). Esse estilo vem se consolidando cada vez mais nas cozinhas de diversos chefs no mundo, dos quais vale destacar: Gastón Acúrio, no Peru; Alex Atala, no Brasil; Dan Barber, nos Estados Unidos; e Rene Redzepi, do restaurante Noma, na Dinamarca.

Todas essas confluências culinárias materializarão a cozinha de vanguarda da atualidade, a qual convencionamos chamar, por razões já expostas, de "cozinha modernista".

Princípios

Se considerarmos os novos movimentos culinários de acordo com Myhrvold (2011), que os denomina "cozinha modernista" – nomenclatura também utilizada por nós –, eles podem ser caracterizados por dez princípios fundamentais.

1. Culinária é uma arte criativa na qual o chef e o cliente dialogam. O alimento é o principal meio de diálogo. Contudo, todos os aspectos sensoriais da experiência da refeição contribuem para que esse diálogo aconteça.
2. Regras, convenções e tradições culinárias devem ser respeitadas, mas não devem ser entraves para o desenvolvimento de novos pratos criativos.
3. Quebrar regras e tradições culinárias de modo criativo é um modo poderoso de envolver os clientes e fazê-los pensar sobre a experiência da refeição.
4. Os clientes têm expectativas – algumas explícitas, outras implícitas – sobre que tipo de comida é possível criar. Surpreendê-los com alimentos que desafiam suas expectativas é outra maneira de envolvê-los intelectualmente. Isso inclui o uso de sabores conhecidos em formatos diferentes ou o contrário.
5. Além da surpresa, muitos outros sentimentos, pensamentos, emoções e reações podem ser provocados pela culinária. Isso inclui o humor, a extravagância, a sátira e a nostalgia, entre outros. O repertório do chef modernista não abrange apenas sabor e textura, mas uma gama de reações emocionais e intelectuais que o alimento pode inspirar no cliente.
6. Criatividade, novidade e invenção são intrínsecas ao papel do chef. Quando alguém adota técnicas e ideias de outros cozinheiros, inspira-se em outros chefs ou outras fontes, isso deve ser reconhecido.
7. A ciência e a tecnologia são fontes que podem ser aproveitadas para possibilitar novas invenções culinárias, mas elas são um meio para atingir um fim, não o objetivo final.
8. Ingredientes de qualidade são a base sobre a qual a cozinha é construída. Ingredientes caros, como caviar ou trufas, são parte desse repertório, mas não têm maior valor intrínseco do que outros ingredientes de alta qualidade.
9. Ingredientes originários da ciência e da tecnologia dos alimentos, tais como hidrocoloides, enzimas e emulsionantes, são ferramentas poderosas para ajudar a produzir pratos impossíveis de ser feitos de outra maneira.
10. Clientes e chefs devem ser sensíveis às condições nas quais os alimentos são colhidos e cultivados. Sempre que possível, deve-se apoiar métodos mais conscientes para o abate de animais e a colheita sustentável de alimentos silvestres, como peixes.

Principais personalidades

Há um conjunto de pessoas cuja contribuição para o desenvolvimento e a divulgação da gastronomia molecular e/ou para o desenvolvimento de novas técnicas de cozinha é de tal modo relevante a ponto de alguém que pretenda trabalhar nessa área precisar se familiarizar com eles e seu trabalho. Alguns foram mencionados anteriormente, mas nunca é demais destacar seu trabalho.

Nicholas Kurti e Hervé This tiveram um papel determinante na ligação da ciência com a cozinha. Hervé This tem dedicado sua vida ao estudo da gastronomia molecular e à sua divulgação.

Outro nome incontornável é Harold McGee. Seu livro *On food and cooking: the science and the lore of the kitchen*, publicado em 1984, influenciou gerações de cozinheiros e gastrônomos e continua a ser uma obra de referência fundamental.

Vários outros cientistas têm estado envolvidos nesse processo, dos quais destacamos Pere Castells. Este colaborou com Ferran Adrià e Joan Roca no desenvolvimento e na introdução de uma série de novas técnicas, agora disponíveis para todos os cozinheiros.

Com relação aos chefs a destacar, são incontornáveis os nomes de Ferran Adrià, cujo trabalho mudou a cozinha atual e influenciou chefs por todo o mundo, e o de Heston Blumenthal, que baseou sua aproximação à cozinha no conhecimento e na colaboração com cientistas. Também Joan Roca, René Redzepi e Andoni Luiz Aduriz, que, tendo passado pelas cozinhas de Ferran Adrià, criaram a própria linguagem, introduziram novas técnicas e trabalharam em colaboração com cientistas para levaradiante seu trabalho. Nessa lista não pode ser esquecido George Pralus, que introduziu a cozinha *sous-vide* na França no final dos anos 1970.

No Anexo III, há informação detalhada sobre cada uma dessas personalidades a fim de que os leitores possam se familiarizar com eles.

Chefs da cozinha modernista no Brasil

A primeira grande referência modernista no Brasil foi o chef Alex Atala, cuja formação se deu no exterior. Apesar da formação clássica, ele desenvolveu uma cozinha autoral que valorizasse os ingredientes brasileiros. O bom relacionamento com muito chefs proeminentes e influentes de vários países deu-lhe a oportunidade de conhecer o *terroir* e produtos da Amazônia. Seu restaurante, o D.O.M., em São Paulo, foi o quarto colocado na lista da *Restaurant Magazine* do ano de 2012, e em 2015 ocupou a nona colocação.

> Alex Atala é acima de tudo um apaixonado pelo Brasil, pela natureza, pela gastronomia, pela vida. Movido por desafios e um grande sentimento de indignação, Atala consegue com extrema delicadeza e técnica transformar essa energia criativa em experiências inesquecíveis para quem tem a oportunidade de provar suas invenções. Seu foco é explorar todas as possibilidades gastronômicas dos ingredientes nacionais, aliando as bases clássicas às técnicas atuais. No entanto, com arrojo e visão, Atala supera as fronteiras da cozinha e atua como cidadão responsável, valorizando o pequeno produtor, incentivando jovens profissionais e apoiando projetos de terceiro setor.
>
> (Atala, 2013)

Atala tem alguns livros publicados no Brasil e, recentemente, um trabalho seu foi publicado pela célebre editora de gastronomia Phaidon. Fundou o instituto ATÁ e publicou um manifesto em que diz:

> A relação do homem com o alimento precisa ser revista. Precisamos aproximar o saber do comer, o comer do cozinhar, o cozinhar do produzir, o produzir da natureza; agir em toda a cadeia de valor, com o propósito de fortalecer os territórios a partir de sua biodiversidade, agrodiversidade e sociodiversidade, para garantir alimento bom para todos e para o ambiente.
>
> (Instituto ATÁ, s.d.)

Outra chef que merece ser destacada é Roberta Sudbrack. Apesar de negar as influências da modernidade e fazer apelo a um estilo de cozinha denominado "alta gastronomia de baixa tecnologia", basta um olhar um pouco mais atencioso para se perceber que Sudbrack sabe trabalhar com maestria os ingredientes mais simples, extraindo o máximo de cada um deles. Sua vanguarda está na ousadia de tentar atualizar o repertório culinário brasileiro, não com equipamentos de vanguarda, mas, sim, munida de conhecimentos científico e experimental, aplicados à tradição e legibilidade, em uma cozinha definida por ela mesma como sendo de "alfaiataria". (E-Boca Livre, s.d.)

Toda uma nova geração de jovens chefs surge no Brasil e traz consigo os ensinamentos apreendidos em cursos e estágios no exterior. Contudo, eles aplicam cada vez mais os seus conhecimentos, aliando técnica de ponta e criatividade para assimilar os sabores da fauna e flora brasileiras, explorando as potencialidades de vários produtos, desenvolvendo novas aplicações e divulgando-os no Brasil e um pouco por todo o mundo. Nessa nova geração, podemos destacar os trabalhos de Helena Rizzo, Rodrigo Oliveira, Felipe Bronze, Rafa Costa e Silva, Jan Santos e Thiago Castanho.

Também vale destacar o trabalho de inúmeros chefs franceses que por aqui aportaram, fundando uma espécie de "nouvelle cuisine tropical": Laurent Suaudeau, Roland Villard, Christophe Lidy, Frederic Monnier, Frederic De Maeyer e Claude Troisgros, entre muitos outros que deixaram sua herança na *Terra Brasilis*.

Filmes sobre gastronomia

Para melhor compreender todas essas transformações ocorridas ao longo dos últimos séculos, aconselha-se analisar alguns filmes importantes que cobrem vários aspectos interessantes relacionados com a gastronomia e a cozinha:

A cozinha antes da nouvelle cuisine:

- *Vatel: Um banquete ao rei* (1999);
- *A festa de Babette* (1987);
- *Tampopo: Os brutos também comem espaguete* (1985).

Na nouvelle cuisine:

- *Entre les Bras* (2011);
- *Ratatouille* (2008).

A cozinha modernista

Cozinha modernista:

- *Entre les Bras* (2011)*;
- *elBulli, historia de un sueño – la película* (2010).

No Anexo IV apresenta-se uma sinopse de cada filme e os objetivos que se pretendem atingir ao sugerir sua visualização.

* O filme é exemplo de ambos os movimentos gastronômicos: nouvelle cuisine e cozinha modernista.

EQUIPAMENTOS
E UTENSÍLIOS

Capítulo 4

Nos últimos vinte anos, foi introduzida na cozinha uma série de novos equipamentos. Uns propiciam otimizar o tempo necessário para a execução de determinadas operações e, em alguns casos, propiciam também obter uma melhor qualidade. Outros tornam possíveis processos antes impossíveis, transformando os alimentos e conferindo novas características em termos, por exemplo, de textura e sabor. Assim, sem a pretensão de exaustão, selecionou-se uma série de equipamentos considerados relevantes e representativos. Os parágrafos seguintes oferecem informação sobre cada um deles e suas potencialidades. No fim, incluem-se preparações em que o leitor pode se familiarizar com alguns desses equipamentos.

Rotaval

Rotaval é um dos equipamentos que saíram do laboratório para as cozinhas. Consiste em um balão que contém o material a ser destilado e que fica parcialmente imerso em um banho quente e em constante rotação para otimizar o processo. Esse balão está acoplado a um condensador muito eficiente, ligado a outro balão que recolhe o destilado. Para aumentar a velocidade da destilação e viabilizar a destilação de líquidos pouco voláteis a uma temperatura muito inferior a seu ponto de ebulição à pressão normal, o sistema pode operar sob pressão reduzida.

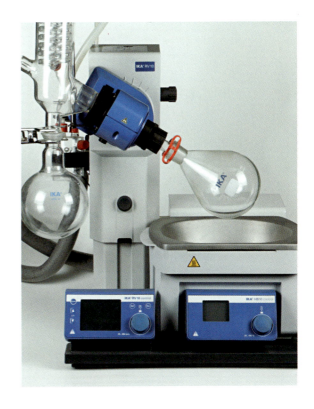

Na cozinha, é possível destilar qualquer tipo de produto (líquido ou sólido) com o rotaval; basta que tal produto esteja úmido para, assim, concentrar ou extrair aromas e essências. As aplicações são inúmeras, vão de reduções sem oxidação – de modo a concentrar o aroma, extração de componentes aromáticas que podem ser adicionadas aos pratos sem incluir o ingrediente do qual foram extraídas – a impregnação de alimentos com sabores pouco usuais.

Os irmãos Roca são considerados precursores do uso do rotaval (evaporador rotativo a vácuo) na cozinha, cujo trabalho foi realizado em colaboração com Pere Castells.

O famoso prato "Ostra com destilado de terra" foi uma combinação perfeita, que se tornou realidade graças ao rotaval, segundo o chef Joan Roca que o desenvolveu. Na preparação desse prato começa-se a introduzir terra úmida, de um bosque próximo do restaurante, no balão do rotaval. O destilado recolhido, composto basicamente de água, tem o aroma da terra úmida. Esse líquido é mais tarde texturizado com um hidrocoloide e servido como acompanhamento da ostra. (Celler Can Roca, s.d.)

ÁGUA DE COGUMELOS-DE-PARIS

100 g de cogumelos

300 ml de água mineral

1. Pique os cogumelos.
2. Coloque-os, com a água, no balão apropriado do equipamento (o que gira e fica mergulhado no banho).
3. Ligue e programe o aparelho.

O destilado recolhido, composto em essência de água, tem aroma e sabor de cogumelos. Utilize a água com sabor em receitas.

Equipamentos e utensílios

Clarimax

Clarificar um caldo é um processo demorado, caro e no qual se podem perder muitas das qualidades organolépticas (características possíveis de ser percebidas pelos sentidos humanos, como cor, odor, textura e sabor) do líquido a clarificar.

Nos processos tradicionais, deve-se aquecer o líquido a ser clarificado e adicionar-lhe substâncias (clara de ovo, por exemplo) que, ao coagularem, arrastam consigo a matéria em suspensão. Recentemente surgiu um equipamento que usa técnicas já implementadas na indústria alimentar e possibilita clarificar líquidos em uma escala adaptada ao trabalho nas cozinhas.

Esse equipamento, chamado Clarimax, é um dispositivo compacto que foi desenvolvido como resultado de um esforço conjunto entre o chef Ángel León (Aponiente Restaurante) e a Universidade de Cádiz. Clarimax baseia-se no poder de clarificação de algas microscópicas, cujo processo é controlado por meio de pressão, passando o caldo por um tablete prensado de algas diatomáceas, que o clarifica em segundos. Os comprimidos têm o poder de desengordurar e clarificar, e os restos podem ser descartados depois, sem qualquer alteração no sabor do produto.

Máquina de vácuo

As máquinas de vácuo são, agora, um equipamento quase indispensável em muitas cozinhas, principalmente por causa de suas várias utilizações.

Tais máquinas aumentam a vida útil dos produtos. O alimento conservado a vácuo apresenta uma durabilidade maior em consequência da supressão do oxigênio, o que evita reações de oxidação, um dos processos envolvidos na degradação dos alimentos e alteração de aspecto e sabor. Além disso, é possível substituir o ar por composições gasosas de CO_2 e N_2 conforme o alimento, o que pode aumentar seu tempo de vida. Facilita, assim, a estocagem de alimentos crus e processados, preservando a qualidade, a cor, o aroma, a textura e o frescor. Desse modo, também oferece uma melhor gestão do trabalho nas cozinhas.

Outra aplicação é na técnica de cozinha em *sous-vide*, método de cozinhar em que se colocam os alimentos em sacos plásticos apropriados, que são fechados a vácuo. Depois de selado, o alimento é submetido ao cozimento em baixa temperatura por um longo tempo, resultando em texturas e sabores inigualáveis.

Cozinha Modernista

CARPACCIO DE MELANCIA TEMPERADA

Molho de cebola-roxa

250 ml de vinagre de vinho tinto

100 g de açúcar do coco

½ cebola-roxa cortada em tiras finas

1 pedaço de 5 cm de gengibre fresco e descascado, cortado em pedaços

Sal

1. Coloque tudo em uma frigideira e deixe reduzir em fogo baixo por 20 a 30 minutos, até obter um molho com textura levemente espessa.
2. Coe uma parte do molho para utilizar com as fatias de melancia no *sous-vide* (carpaccio).
3. Utilize a outra parte do molho, sem coar, na decoração do prato.

Carpaccio de melancia

Melancia

Molho de cebola-roxa

1. Corte lâminas muito finas, quase transparentes, da melancia e coloque-as em sacos apropriados, com metade do molho (coado). Feche a vácuo. O molho vai temperar as fatias de melancia, enquanto o ar removido muda-lhes a textura.
2. Retire a melancia dos sacos e o carpaccio de melancia estará finalizado para consumo.

Equipamentos e utensílios

Termocirculador

Embora a cozinha *sous-vide* tenha sido introduzida no final dos anos 1970 na França, sua difusão foi relativamente lenta e, para muitos chefs, o termocirculador é considerado um equipamento de vanguarda que se usa apenas na alta gastronomia.

Esse tipo de cocção consiste, na sua definição básica, em aplicar calor a um alimento embalado, em saco plástico resistente ao calor, fechado a vácuo e imerso em líquido (água). O termocirculador controla a temperatura, entre 5 °C e 100 °C, de modo preciso e uniforme. Um longo cozimento proporciona resultados de muita qualidade, difíceis de ser alcançados com as técnicas tradicionais.

Como não possibilita a evaporação, o vácuo consegue reter a água no alimento, quase não existindo perda de água nem de peso, o que resulta em um produto com melhor sabor, aroma e textura. (Silva, 2012)

A técnica de *sous-vide*, associada à tecnologia de *cook chill*, é responsável por resfriar com rapidez os alimentos (30 minutos para atingir 70 °C e mais 90 minutos para diminuir a temperatura a 3 °C), mantendo-os, *a posteriori*, dentro de uma faixa segura de refrigeração (0 °C a 3 °C). Isso resulta em produtos de grande qualidade e com grande segurança alimentar, além de uma melhor gestão do tempo e do estoque.

Cook chill

A possibilidade de conservar os alimentos por períodos maiores e sem perda das suas propriedades organolépticas, somada à necessidade de alimentar um número cada vez maior de pessoas, com rapidez e eficiência, levou à criação do método *cook chill* (do inglês cozinhar-arrefecer) como uma alternativa viável para essas questões.

O *cook chill* consiste em pré-cozer e resfriar rapidamente os alimentos durante 30 minutos para atingir 70 °C e mais 90 minutos para diminuir a temperatura a 3 °C, mantendo-os, a seguir, dentro de uma faixa segura de refrigeração (0 °C a 3 °C). Para realizar essa diminuição de temperatura, pode-se utilizar tanto um banho de água e gelo quanto câmaras para arrefecimento rápido. Dessa maneira, consegue estender-se a vida útil do alimento por até cinco dias. A tecnologia do *cook chill* combinada com outras, como a do envasamento a vácuo, pode aumentar a vida útil dos alimentos por um prazo ainda maior, entre 15 e 20 dias.

Ele promove uma descontinuidade entre o processo de produção e o serviço nos estabelecimentos alimentícios, o que propicia otimização da produção, ganhos de escala, maior rapidez na finalização e melhoria na qualidade global do produto oferecido aos clientes. Para regenerar os alimentos, é comum utilizar fornos combinados a vapor com programas próprios para esse fim.

PURÊ DE COUVE-ROXA*

450 g de couve-roxa

90 g de vinho tinto

50 g de vinagre de champanhe ou de vinho

25 g de mostarda de Dijon

9 g de sal

0,6 g de pimenta-do-reino moída

0,6 g de cominho

1,1 g de goma xantana

1. Aqueça o termocirculador a 95 °C.
2. Corte a couve, remova o núcleo e pique-a grosseiramente.
3. Coloque a couve cortada e o vinho tinto em um saco e feche a vácuo.
4. Cozinhe *sous-vide* por 90 minutos.
5. Esvazie o conteúdo do saco em um liquidificador.
6. Adicione os outros ingredientes e misture na potência máxima por 2 minutos.
7. Passe o purê por uma peneira de malha fina e sirva.

DICA: Se não usar o purê de imediato, coloque-o em uma embalagem a vácuo para preservar a cor.

* Adaptado do site ChefSteps (a), s.d.

Equipamentos e utensílios

Anti-griddle

Inspirado pelo chef Grant Achatz, o anti-griddle consiste em uma chapa fria capaz de atingir -34 °C, facilitando congelar, instantaneamente, pequenas porções de molhos e purês. Assim, consegue desenvolver pratos semicongelados com superfícies estáveis, crocantes e frescas. Como sua característica é a de congelar depressa, apenas as superfícies exteriores dos alimentos são congeladas, mantendo um centro cremoso.

Thermomix (Bimby)

Este equipamento é um termoprocessador compacto com o qual se pode confeccionar quase tudo, do pão aos iogurtes, das caipirinhas às sobremesas, de um tradicional prato de cozinha a um prato de verduras e peixe no vapor. Tritura, em segundos, cereais para a obtenção de farinhas, queijo duro, amêndoas cruas ou ervas aromáticas.

Com mais de vinte funções, cozinha com definição de temperatura – dos 37 °C aos 100 °C – e dispõe de dez velocidades para o processamento de alimentos.

Tem sido bastante utilizado nas cozinhas de restaurantes do mundo todo, tendo em vista que possibilita o desenvolvimento de receitas com novas texturas e redução de ingredientes. Os purês, por exemplo, podem ser feitos de frutas ou vegetais, sem necessidade de gorduras para alcançar uma textura leve e uniforme.

Cozinha Modernista

SORBET DE MORANGO

100 g de açúcar
300 g de morangos congelados
60 g de gelo

1. No Thermomix, triture o açúcar cerca de 15 segundos, na velocidade 9, até ele parecer um pó branco.
2. Em seguida, depois de adicionar os morangos e o gelo, dê dois ou três golpes de turbo.
3. Depois, programe-o por 1 minuto e 30 segundos, na velocidade 9, até obter uma consistência cremosa.
4. Com a ajuda da espátula, retire do Thermomix o sorbet de morango e sirva.

Aladin Aromatique

O defumador portátil é uma alternativa aos métodos tradicionais de defumação que torna viável a aplicação de "fumaça fria" em uma série de preparos, tais quais: saladas, merengues, chocolates, purês, molhos, manteigas e frutas. O combustível utilizado para defumar pode variar entre múltiplos elementos: de lascas de madeiras de vários tipos até folhas de chá, ervas, especiarias e flores desidratadas.

Além de ser possível acrescentar o sabor defumado e ajustar sua intensidade, o equipamento possibilita finalizar o preparo diante do comensal. Redomas de vidro, que podem manter a fumaça dentro do prato, oferecem um visual atraente, além de intensificarem e prolongarem as notas defumadas pela liberação gradual do aroma que se dá na mesa.

Equipamentos e utensílios

Pacojet

Pacojet é um processador de alimentos, com um motor muito potente para processar inclusive alimentos congelados. Sua utilização mais habitual é no preparo de sorbets e sorvetes. O Pacojet processa sem quebrar a cadeia de congelamento, de maneira que o recipiente com o alimento possa ser recolocado no congelador sem desperdício. Outra utilização para o Pacojet é o processamento de receitas salgadas, de musses leves e patês finos a concentrados de ervas e vegetais.

SORVETE DE IOGURTE E FRUTA*

100 ml de creme de leite fresco (natas)
250 g de morangos ou outra fruta vermelha
400 g de iogurte

1. Coloque tudo no Pacojet para misturar.
2. Leve ao congelador.
3. Leve de novo ao Pacojet e sirva.

* Adaptado do Manual Pacojet, 2014.

Cozinha Modernista

Desidratador de alimentos

O desidratador de alimentos foi projetado para desidratar alimentos em pequenas quantidades. A uma temperatura baixa e com ventilação adequada, preserva-se a qualidade de frutas, hortaliças, condimentos e especiarias.

Folhas crocantes de suco de laranja

250 ml de suco de laranja

2,5 g de ágar

1. Dissolva bem o ágar em 125 ml de suco de laranja, deixando levantar fervura três vezes no micro-ondas. Junte o resto do suco à mistura e mexa bem.
2. Espalhe o preparo de ágar em um tapete de silicone para formar pequenas folhas não muito finas.
3. Quando as folhas gelificarem, coloque-as no desidratador (circular) por uma hora.
4. Use-as para decorar um arroz de pato ou uma sobremesa.

Equipamentos e utensílios

Sifão

O sifão funciona com a pressão exercida para forçar um gás solúvel (soda ou *cream*) a dissolver-se em um líquido. A pressão também forçará o líquido a passar através de uma válvula e, em pressão ambiente, liberar parte do gás da solução, criando bolhas e formando espumas. Possibilita a produção de musses e espumas (quentes ou frias), purês ou a gaseificação de líquidos e alimentos, dependendo do gás introduzido. O N_2O dissolve-se melhor em gordura do que em água e é ideal para espumas com gordura, tendo ainda a vantagem de não conferir sabor. Já o CO_2 dissolve-se melhor em água e sua solubilidade é maior a frio, mas confere acidez.

SALADA DE FRUTAS ALCOÓLICA – CARBONATAÇÃO

200 g de uva
2 cápsulas de sifão de soda
100 ml de vodca
30 g de açúcar
200 g de morango
200 g de lichia de lata
Balas de ágar[3]
Flores comestíveis
Gelo

1. Coloque as uvas na garrafa do sifão. Insira as duas cápsulas do gás CO_2 (soda) e deixe 30 minutos na geladeira.
2. Retire a garrafa da geladeira e o gás da garrafa, mantendo a garrafa na vertical para que apenas o gás saia e as uvas fiquem no fundo. Abra a garrafa e retire as uvas.
3. Em uma tigela, adoce a vodca, acrescente as uvas e as outras frutas. Decore com balas de ágar e flores.
4. Sirva sobre gelo picado.

---

[3] À venda em lojas de produtos naturais.

Balança de precisão

Os aditivos alimentares introduzidos na cozinha nos últimos anos são utilizados em quantidades muito pequenas. É essencial, portanto, ter uma balança para auferir com precisão as quantidades usadas. Alterações nas quantidades podem ter grande influência na textura do produto final.

Glossário

Por ser um assunto que apresenta muitos termos novos, foi necessário definir algumas palavras em um pequeno glossário, apresentado no Anexo I como referência.

Equipamentos e utensílios

Espumas, emulsões e emulsionantes

Capítulo 5

Espumas e emulsões

As espumas e emulsões são texturas muito usadas na cozinha modernista. As espumas, em particular, são bastante características desse tipo de cozinha e frequentemente mencionadas quando se pretende caracterizá-la. Entre os novos ingredientes utilizados na cozinha modernista estão os emulsionantes, os quais são empregados na produção desse tipo de textura. Então, vamos aqui introduzir e exemplificar esse tipo de textura e seus ingredientes.

O que são emulsionantes?

Também chamados de emulsificantes, agentes tensoativos ou agentes de superfície, os emulsionantes são substâncias capazes de atrair e agregar outras substâncias que não se misturam (água e gordura, por exemplo). As moléculas das substâncias emulsionantes têm na sua estrutura uma zona polar e outra apolar, sendo que a porção polar do emulsionante é hidrofílica (atraída para a água) e fica virada para a componente aquosa da mistura, enquanto a porção hidrofóbica (repelida pela água) é atraída para a componente gordurosa, possibilitando a união de ingredientes que antes não se uniam. Os emulsionantes são igualmente responsáveis pela produção e estabilização de espumas, ficando a porção hidrofílica virada para o líquido aquoso e a porção hidrofóbica, para o ar que é introduzido a fim de fazer a espuma. (Moura, 2011)

Na cozinha, para citar um exemplo, não é possível fazer maionese só com vinagre e azeite. É preciso acrescentar um emulsionante, seja ele proveniente de gema (lecitina), seja de clara (proteínas) ou de mostarda. O emulsionante, com a ajuda de ação mecânica, se encarrega de uma emulsão estável.

A presença da lecitina propicia que a água e a gordura formem uma emulsão estável, como na produção de cremes, sorvetes, maioneses, massas e cremes amanteigados. (Mockli, 2013)

Na cozinha clássica, existe um molho muito famoso, em geral servido com haddock ou aspargos frescos, chamado *hollandaise*. Na preparação desse molho, combinam-se manteiga, gemas (que têm lecitina e proteínas como emulsionantes), água e ácido (vinagre ou limão) para obter um produto homogêneo. Essa emulsão é bem delicada e seu sucesso depende de não deixar as gemas cozinharem demais e, com isso, perderem a capacidade de emulsificar o molho. (Bottini, 2010)

Existe uma variedade de substâncias que podem desempenhar o papel de agentes emulsionantes e estabilizantes de espumas sem precisar recorrer aos ingredientes clássicos. Como exemplo desses agentes emulsionantes temos a lecitina, o sucroéster (denominado Sucro na marca Texturas e Sucro Emul na marca Sosa), as monoglicérides e diglicéridas (denominados Glice na marca Texturas e Glicemul na marca Sosa) e a albumina, muito utilizados na cozinha moderna. Podem, ainda, ser utilizados outros ingredientes como estabilizantes, por exemplo o alginato, a goma de sementes de alfarroba, a pectina e a goma xantana.

O que é uma emulsão?

Emulsão é a mistura de dois líquidos imiscíveis, como a água e o azeite, em que um deles (a fase dispersa) se encontra na forma de pequenas gotículas no seio do outro líquido (a fase contínua), compondo uma mistura estável.

Essa mistura é considerada estável caso haja distribuição do tamanho das gotas na fase dispersa (homogeneização), que se mantêm praticamente inalteradas ao longo do tempo.

Já a emulsão feita apenas com óleo e vinagre, que na linguagem culinária se chama vinagrete, é temporária e só se forma por ação mecânica, não é estável. Para obter uma emulsão com maior estabilidade, é necessário utilizar um emulsionante. A maionese, como já citado, é um bom exemplo. Com um fouet, um mixer (varinha mágica) ou mesmo uma batedeira, mistura-se a fase aquosa com a gordurosa, ficando esta dispersa na fase aquosa na forma de pequenas gotículas. O papel do emulsionante é impedir que essas gotículas se agreguem de novo e as fases se separem.

Outros exemplos não menos importantes de emulsões são a manteiga (água em óleo) e as natas (óleo em água). (Moura, 2011)

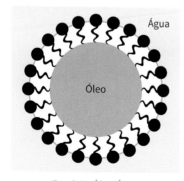

Emulsão Óleo/Água

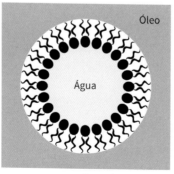

Emulsão Água/Óleo

Demonstração gráfica das fases da emulsão (Araújo, 1995).

Espumas, emulsões e emulsionantes

Na cozinha clássica, temos o já mencionado molho chamado *hollandaise*, que, acrescido de creme de leite batido (natas batidas), é usado para cobrir um prato que será levemente dourado na salamandra no momento de ser servido. Isso o torna uma emulsão leve e quente. (Bottini, 2010)

As emulsões são importantes pela sua frequência em alimentos de grande consumo. (Bobbio & Bobbio, 1995)

Principais tipos de emulsão em alimentos

Alimentos	Tipos de emulsão
Leite	O*/A*, estabilizada por fosfolipídeos e proteínas
Creme	O*/A*, estabilizada por fosfolipídeos e proteínas
Manteiga	A/O, estabilizada por fosfolipídeos, proteínas e aditivos emulsionantes sintéticos
Margarina	A/O, estabilizada por fosfolipídeos, proteínas e aditivos emulsionantes sintéticos
Maionese	A/O, estabilizada por proteínas, fosfolipídeos e polissacarídeos
Massa de bolo	O/A, estabilizada por proteínas, fosfolipídeos e polissacarídeos
Sorvete	O/A, estabilizada por proteínas, fosfolipídeos e polissacarídeos
Mousse	O/A, estabilizada por proteínas, fosfolipídeos e polissacarídeos

O* = óleo; A* = água

O que é uma espuma?

As espumas são constituídas por bolhas de gás dispersas em líquidos ou sólidos. Na linguagem de cozinheiro, uma espuma líquida é o mesmo que a espuma de café, da cerveja, do creme ou do molho, enquanto uma espuma sólida é a mesma encontrada em pão, bolo, suspiro, musse e suflê. Concluímos, então, que elas podem ser doces, salgadas, quentes, frias, líquidas ou sólidas.

Tanto as espumas líquidas quanto as sólidas necessitam de um processo de incorporação de ar na massa para formar a espuma. Além disso, é necessário haver um agente tensoativo que possibilite a formação das bolhas de ar e, com frequência, agentes estabilizantes, como o glúten, gordura sólida etc.

Nos bolos, os ovos, o açúcar e, em algumas ocasiões, a manteiga conferem essa estrutura que dá origem a sua textura. Já no pão, tem-se a ajuda da rede do glúten para estabilizar a espuma.

Outros agentes também podem ser utilizados para a formação de espumas, como a gelatina, o ágar, a goma xantana e a goma guar.

Espumas frias e quentes

As espumas frias preparadas com gelatina são consideradas as de maior intensidade de sabor e de cor, com a particularidade de serem muito leves (espuma de limão).

As que são preparadas com uma base de gordura assemelham-se mais a uma musse, com uma consistência cremosa bastante agradável. A utilização de claras em uma espuma fria é uma das

Cozinha Modernista

bases mais comuns, pois assegura a consistência aerada e não interfere no sabor do produto inicial. É o que acontece em uma musse de chocolate na qual as claras inserem ar, e a manteiga de cacau, ao arrefecer, estabiliza a espuma.

As espumas quentes preparadas com claras são uma ótima opção, pois estas suportam uma temperatura acima de 62 °C. A utilização de uma base de fécula em uma espuma quente acarreta uma preparação estável por conter amido na composição. Essas espumas são muito interessantes uma vez que resultam em produtos de consistência mais leve.

Na cozinha clássica, temos um prato chamado mousseline de linguado. Esse prato agrega natas (creme de leite fresco), peixe e clara de ovo processados e rapidamente escalfados em água quente, ficando com a textura de um suflê cozido em forma de *quenelles*, outro bom exemplo de uma espuma quente e sólida. (Bottini, 2010)

Há mais alternativas para adicionar ar a uma espuma além das já mencionadas. A garrafa de sifão, com cápsulas de N_2O (*cream*) e de CO_2 (soda), possibilita uma variedade de espumas. Um pequeno motor de aquário também é um recurso bastante eficiente na criação de espumas líquidas e leves.

COQUETEL COM ESPUMA DE LIMÃO*

100 g de água
30 g de açúcar
3 g de gelatina
16 g de clara de ovo
100 g de suco de limão

1. Misture a água, o açúcar e a gelatina e ferva tudo até dissolver. Esfrie a calda.
2. Misture, com um fouet, a calda, a clara de ovo e o suco de limão. Em seguida, despeje a mistura em um sifão gelado.
3. Coloque no sifão uma carga de gás de N_2O (*cream*) e agite bem. A espuma deve ter uma aparência aveludada; no caso de ela se dissipar muito, carregue o sifão com uma segunda cápsula de gás.

* Adaptado do site ChefSteps (b), s.d.

Espumas, emulsões e emulsionantes

AR DE LIMÃO VERDE (LECITINA)

350 g de suco de limão verde
250 g de água
3 g de lecitina

1. Junte os três ingredientes em um recipiente alto e bata bem com uma varinha mágica ou um mixer para dispersar e dissolver a lecitina.
2. Bata com o mixer, colocando-o na superfície, um pouco para fora, de modo a adicionar a maior quantidade de ar possível e formar a espuma (que se chama ar em razão de sua textura). Retire a espuma com uma colher.

PIPOCAS LIQUEFEITAS DE GRANT ACHAT

25 g de óleo (de soja, milho etc.)

100 g de milho para pipoca

7 g de sal

90 g de manteiga

75 g de açúcar

750 g de água

1. Em uma panela grande, aqueça o óleo. Junte o milho e tampe.
2. Agite a panela sem parar enquanto o milho estoura. Retire a panela do fogo quando as pipocas deixarem de estourar.
3. Em uma segunda panela, misture as pipocas, o sal, a manteiga, o açúcar e a água. Ferva em fogo médio por 5 minutos.
4. Passe por uma peneira, apertando as pipocas com uma colher para separar o líquido e só a parte sólida ficar na peneira.
5. Jogue fora a parte sólida. Transfira o líquido para um liquidificador e bata na velocidade máxima por 3 minutos ou até ficar cremoso. Passe pela peneira e mantenha quente.

Espumas, emulsões e emulsionantes

Espuma de caramelo

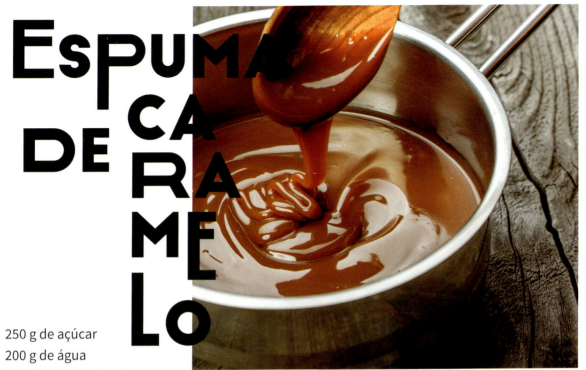

250 g de açúcar
200 g de água
75 g de xarope simples
4 g de Sucro Emul (marca Sosa)

1. Em uma panela pequena, aqueça o açúcar com 75 g de água até a temperatura atingir 170 °C.
2. Junte de imediato os 125 g de água restantes e o xarope simples. Tome cuidado, pois a mistura pode fazer muitas bolhas e sair da panela. Misture bem até tudo se dissolver.
3. Coloque a mistura em um recipiente grande e deixe amornar. Junte o Sucro Emul e bata com o mixer até formar uma espuma. Se estiver muito espesso e houver dificuldade em formar a espuma, adicione um pouco mais de água.

Xarope simples

Misture partes iguais (em volume) de água e açúcar, coloque em um frasco e agite bem até dissolver completamente.

Montagem

Coloque em um copo a água de pipoca, enchendo até o meio. Com uma colher, cubra com a espuma de caramelo até o copo ficar ¾ cheio.

Cozinha Modernista

O cientista francês Hervé This teve a ideia de criar esse chantili de chocolate quando estava fazendo um chantili convencional. Seu pensamento foi o seguinte: se quando batemos creme de leite fresco (natas) conseguimos que o ar introduzido nessa emulsão de gordura em água produza uma espuma que é estabilizada pela gordura fria (que solidifica), por que não conseguir outras espumas, de outras emulsões?

Assim, na receita de chocolate chantili, faz-se primeiro a emulsão de chocolate e água; depois, bate-se para incorporar o ar. A espuma é, então, estabilizada pela solidificação da manteiga de cacau conforme o preparado vai esfriando.

ESPUMA DE CHOCOLATE

– CHOCOLATE CHANTILI DE HERVÉ THIS

250 g de chocolate em pedaços[4]
200 ml de água (ou outro líquido: suco de fruta, chá, uma infusão...)

1. Aqueça a água (ou o líquido que escolher) no micro-ondas.
2. Junte a água ao chocolate em pedaços e mexa até ele derreter todo, ficando bem misturado ao líquido. Nesse momento, já estará formada uma emulsão e só falta batê-la.
3. Coloque gelo em pedaços e água em uma tigela grande; dentro desta, outra tigela menor com a emulsão de chocolate. Bata com uma batedeira ou um mixer.
4. Passados alguns minutos, a mistura vai parecer primeiro uma ganache (podendo ser utilizada assim) e depois uma musse.
5. Pare de bater um pouco antes de obter a consistência desejada, pois a espuma ainda ficará mais espessa. Se bater muito, a mistura fica granulosa. Caso isso aconteça, aqueça a mistura outra vez e recomece.

[4] Não funciona com qualquer chocolate. No Brasil, utilizamos o chocolate chamado "Fondant Novi Amargo Extra, 50% cacau" e funcionou perfeitamente.

Espumas, emulsões e emulsionantes

Para fazer gelatinas de azeite, inicia-se com a criação de uma emulsão estável que recebe a ajuda de dois emulsionantes, monoglicérides e diglicéridas (que, para simplificar, será chamado pelo nome comercial Glice), e um sucroéster (que, para simplificar, será chamado pelo nome comercial Sucro).

Esses emulsionantes têm características diferentes, como será explicado a seguir.

Glice – mistura de monoglicérides e diglicéridas, de estrutura semelhante às gorduras, portanto solúvel em gordura. Atua como emulsionante para integrar um líquido aquoso em uma gordura.

Deve ser dissolvido na gordura por aquecimento a cerca de 60 °C, enquanto se adiciona aos poucos a mistura ao líquido aquoso, com agitação.

Sucro – emulsionante obtido por transformação da sacarose (açúcar de mesa). É solúvel a frio em água, logo deve ser dissolvido no meio aquoso, sem necessidade de aquecê-lo. A mistura deve, depois, ser lentamente combinada com a gordura, sempre com agitação.

GELATINAS DE AZEITE

100 g de água
1 g de Sucro
Sal (opcional)
8 g de folhas de gelatina hidratadas (4 folhas)
90 g de azeite
3 g de Glice

1. Adicione o Sucro à água e disperse bem. Mexa até dissolver tudo. Se desejar, acrescente um pouco de sal.
2. Aqueça a mistura a uma temperatura superior a 60 °C, o suficiente para dissolver a gelatina. Acrescente a gelatina, mexendo para dissolvê-la por completo.
3. À parte, aqueça o azeite até 50 °C, junte o Glice e deixe que este derreta. Mexa para misturar bem com o azeite.
4. Batendo com o mixer, adicione lentamente o azeite à solução aquosa.
5. Espere até perder um tanto da espuma e arrefeça um pouco, então despeje em fôrmas de silicone. Deixe esfriar.

AR DE COENTRO

10 g de coentro fresco e higienizado

¼ de colher (chá) de caldo dashi em pó (vendido em lojas de produtos japoneses)

200 ml de água mineral

1 g de Sucro (marca Texturas) ou Sucro Emul (marca Sosa)

1. Misture tudo no liquidificador.
2. Coloque a mistura em um recipiente grande e bata com o mixer, colocando-a na superfície, um pouco de fora, para introduzir a maior quantidade de ar possível, de modo a formar uma espuma (chamada "ar" por causa de sua textura).
3. Retire a espuma com uma colher para usá-la.

Espumas, emulsões e emulsionantes

CHANTILI DE PIMENTA

300 ml de creme de leite fresco (natas)

2 pimentas dedo-de-moça

1. Coloque 300 ml de creme de leite fresco (natas) no sifão com as pimentas (retire o pé verde da pimenta) para extrair os componentes da pimenta para as natas.
2. Feche a garrafa de sifão e coloque uma cápsula de N_2O (*cream*). Leve à geladeira por 40 minutos. Depois disso, retire a garrafa da geladeira e, com ela na vertical, pressione para o gás sair. Tire a cápsula, abra a garrafa e remova a pimenta.
3. Introduza outra cápsula de N_2O (*cream*) e reserve na geladeira por mais 30 minutos. A garrafa deve ficar de "cabeça para baixo" para que o gás vá para o fundo.
4. Depois sacuda a garrafa três vezes e pressione a alavanca, com ela inclinada, para a saída do chantili.

Capítulo 6

O que é um gel e um gelificante?

Um gel, pelas suas características, pode ser considerado um estado intermediário entre o líquido e o sólido. Todos os géis são constituídos por uma fase líquida retida em uma fase sólida, esta consistindo em uma rede tridimensional de moléculas longas interligadas. Essas moléculas provêm do agente gelificante adicionado e, no caso dos alimentos, podem ser proteínas ou hidratos de carbono, denominados genericamente hidrocoloides.

Na cozinha, o processo de gelificação é muito comum e se dá, por exemplo, ao cozinhar um ovo, fazer um pudim ou uma gelatina. Dependendo da força da tensão aplicada, o gel pode se comportar como um gel forte, quando recupera sua forma, ou um gel fraco, quando a tensão aplicada deforma sua estrutura e ele age como um fluido. O tipo de rede composta é determinado pelo tipo de polímero, pelas características das interações que levam à formação da rede tridimensional e pelo processo de gelificação.

O que é um espessante?

Espessantes são substâncias que aumentam a viscosidade de uma dada mistura, ou seja, sua resistência ao escoamento. No caso dos alimentos, existe uma variedade de compostos (proteínas e hidratos de carbono) que podem criar os espessantes. Muitos deles são também agentes gelificantes e, em menor quantidade, funcionam como espessantes. Outros, como é o caso da goma xantana que mencionaremos em seguida, funcionam apenas como espessantes.

Um agente espessante não forma a rede tridimensional relatada, ou seja, as moléculas longas não se ligam entre si, mas são compostos que se ligam à água, e esse fato é a base do seu mecanismo de atuação.

Na cozinha, o espessamento de caldos, sucos e molhos é importante porque possibilita que adiram melhor aos alimentos e que cubram melhor a boca, e por mais tempo, melhorando a transmissão de sabores. Os processos tradicionais para fazê-lo envolvem adição de amido (farinha, maisena...) ou gordura. Mas, como será visto nos próximos parágrafos, é possível usar outras substâncias com vantagem em algumas situações.

Hidrocoloides

A utilização de novos ingredientes, que caracterizam a cozinha modernista, foi responsável pelo desenvolvimento de um conjunto de novas técnicas. A palavra *coloide* vem do grego *kolas*, cujo significado é "que cola". De modo muito simplificado, diz-se que os hidrocoloides são substâncias com especial atração (afinidade) para a água (hidro, de água). Quando em contato com a água, os hidrocoloides ligam-se ("colam") a ela como que a "aprisionando". Daí, resultam preparados muito viscosos e espessos e, em alguns casos, texturas do tipo das geleias a que os cientistas chamam géis.

Dependendo do hidrocoloide e/ou da concentração utilizada, é possível gelificar, espessar ou estabilizar um produto. Por exemplo, há hidrocoloides com a função gelificante em compotas, marmoladas, geleias e pudins; espessante em sopas, molhos e cremes; e estabilizante em sorvetes, alguns laticínios especiais e molhos de saladas.

A adição de hidrocoloides em uma formulação alimentar ajuda os cozinheiros a transformar suas ideias em realidade, uma vez que possibilita novas texturas, aparências e maneiras de transmitir os sabores. Eles têm, portanto, influência profunda nas propriedades organolépticas dos alimentos.

Todos os hidrocoloides são aditivos alimentares e isso faz com que nem sempre sejam bem vistos. As pessoas tendem a considerar que o aditivo não é um produto "natural" e, por isso, faz mal à saúde. Contudo, isso é resultado, em geral, da falta de informação. Todos os aditivos alimentares são aprovados, depois de terem sido submetidos a rigorosos testes, por organismos intergovernamentais independentes, devidamente creditados para o efeito. Muitos já são usados há décadas e bastante conhecidos, como o ágar, o amido de milho (maisena) e a gelatina. Muitos outros são extraídos de plantas, algas marinhas ou são de origem animal e microbiana. Também foram provados benefícios para a saúde relacionados com o uso, visto que muitos deles são fibras alimentares e, ainda, são capazes de desenvolver e melhorar as características de alimentos adaptados a determinadas restrições alimentares.

É importante ressaltar essas informações, que serão reforçadas no livro, pois são propostas várias receitas destinadas a atender pessoas com restrições alimentares, nas quais a utilização dos hidrocoloides é um aspecto determinante para suas características organolépticas.

Na indústria alimentar, os hidrocoloides são muito utilizados e estão disponíveis no mercado em molhos, ketchup, gelatinas, geleias, produtos lácteos, xaropes, caldas, alimentos infantis, sobremesas, sorvetes, pratos congelados, bebidas (como suco e cerveja) etc., conferindo estabilidade, durabilidade e textura aos produtos.

A análise de rótulos e a identificação dos hidrocoloides presentes em vários alimentos são um bom exercício para a conscientização dos produtos consumidos habitualmente.

Hidrocoloides – agentes gelificantes e espessantes

Origem e nomes dos hidrocoloides

Extraídos de plantas terrestres

- Amido (usado por si só ou transformado em uma variedade de derivados – amidos modificados).
- Pectinas.
- Celulose (usada por si só ou transformada em uma variedade de derivados).
- Goma de semente de alfarroba.
- Goma arábica.
- Goma guar.
- Goma tara.

Extraídos de algas

- Alginatos.
- Ágar.
- Carrageninas.

Outras origens

- Gelatina.
- Proteínas dos ovos.
- Polissacarídeos microbianos (gelano e goma xantana).

Capítulo 7

A goma xantana é um produto um tanto quanto recente, utilizada apenas para alimentação desde 1969 e produzida pela fermentação de açúcares (em geral glucose ou sucrose, obtidos de plantas) pela bactéria *Xanthomonas campestris*. Foi o resultado de um extenso trabalho de investigação do Departamento de Agricultura dos Estados Unidos.

Sua propriedade mais interessante é o aumento excessivo da viscosidade de um líquido, em quantidades mínimas, o que o torna mais espesso. Do mesmo modo, a goma xantana tem a vantagem de fácil dissolução, a frio ou a quente, em água ou bebidas alcoólicas, originando soluções límpidas, incolores e estáveis mesmo se a acidez for elevada. Além disso, sua consistência não varia com a temperatura e o sabor dos alimentos não é alterado.

As soluções de goma xantana têm, ainda, outra propriedade bem interessante. Em repouso, são muito viscosas, mas tornam-se menos espessas quando é aplicada uma força, quando é aumentado o grau de agitação. Isso assente que a goma xantana confira estabilidade a um molho, mas que este, na boca, seja leve e pouco espesso. A mesma coisa se confere quando, em um frasco e agitado, ele escorre facilmente para dentro.

As aplicações na indústria alimentar são inúmeras, e vão de alterador da textura a estabilizante para emulsões e sorvetes, impedindo a formação de cristais de gelo, retenção de água e estabilização de espumas, como a cerveja.

A goma xantana é, também, usada em alimentos dietéticos com baixo teor de gordura e em alimentos sem glúten. Nos primeiros alimentos, dá a sensação de estar ingerindo gordura; já se for adicionada a farinhas sem glúten, melhora a textura e a duração de pães e bolos.

Na cozinha, tem sido usada tanto como espessante para obter molhos com consistência agradável, mas sem alterar o sabor e a cor originais, quanto para conferir efeitos visuais novos, uma vez que a viscosidade em repouso possibilita manter sólidos em suspensão, como em bebidas com ervas ou frutas suspensas.

Assim, a utilização da goma xantana assegura aos cozinheiros a realização de receitas menos calóricas e até com características únicas, elaboradas com maior rapidez.

Considerando que, com esse pó, é possível dar textura a qualquer líquido a frio, isso significa dizer que é possível economizar em tempo, ingredientes e energia. Considere-se, por exemplo, uma calda de framboesa (*coulis*) que pode ser usada em uma sobremesa. Em receita tradicional, deve reduzir-se essa calda de fruta com açúcar, mexendo sem parar, por pelo menos 10 minutos, utilizando o fogo do fogão. (*Chef profissional*, 2006)

Com a utilização da goma xantana, basta espessar o purê da framboesa a frio, apenas com agitação, e utilizá-lo. Como se pode fazer o mesmo com qualquer outro purê ou líquido, doce ou salgado, frio ou quente utilizando somente esse produto e uma varinha mágica ou um mixer, as possibilidades são muitas e abrem as portas da criatividade.

Não só nas receitas exemplificadas a seguir, mas é importante observar como produtos tais quais a goma xantana e a goma xantana Premium possibilitam que um cozinheiro atenda pessoas com restrições alimentares de maneira rápida e fácil.

Além disso, a goma xantana apoia quem só deseja surpreender, apresentando sólidos ou líquidos suspensos em bebidas e espumas resistentes ao tempo em uma refeição.

Características

- Obtida por fermentação bacteriana (*Xanthomonas campestris*).
- Espessa a frio ou a quente.
- Tolera ácidos, sal, bases, aquecimento, enzimas e álcool até 60%.
- Isoladamente não forma géis, mas soluções muito viscosas.
- Apenas gelifica se estiver associada a outros hidrocoloides, como a goma de sementes de alfarroba, constituindo um gel elástico e quase transparente.
- Resiste bem a processos de congelamento e descongelamento.
- Apresenta viscosidade muito estável em larga gama de temperatura e acidez.
- Tem propriedades pseudoplásticas (quando se aplica uma força, a viscosidade diminui).

Como utilizar

Adicionar ao líquido que se pretende espessar e mexer. A hidratação é longa e seu tempo depende da dispersão. É preferível preparar com antecedência. A dispersão com o mixer reduz bastante o tempo de hidratação. Para perder bolhas de ar, deve-se deixá-la em repouso, ferver ou fechar a vácuo.

Goma xantana

Concentração

- 0,25% misturas pouco espessas.
- 0,5% misturas espessas.
- 0,75% ou 1% misturas muito espessas.

Aplicações

- Líquidos com efeito suspensor (elementos em suspensão sem afundar ou "nadar" no líquido).
- Espessante de molho sem aquecer.
- Géis elásticos em combinação com outros texturizantes.

	Goma xantana
Descrição	Hidrato de carbono – Polissacarídeo
Origem	Fermentação bacteriana com a bactéria *Xanthomonas campestris*
Características	**Espessante e estabilizante** Espessa a frio ou a quente. Muito resistente a processos de congelamento e descongelamento. Tem propriedades pseudoplásticas. (Quando se aplica uma força, o líquido torna-se mais fluido.) Tolera ácidos, sal, bases, aquecimento, enzimas e álcool até 60%. A viscosidade é muito estável em uma larga gama de temperatura e acidez. Espessa líquidos ácidos. O pH ótimo é entre 1 e 13. **Concentração** 0,25% misturas pouco espessas. 0,5% misturas espessas. 0,75% ou 1% misturas muito espessas.
Como utilizar	**Dissolução:** solúvel a frio e a quente. Hidrate aos poucos ou, então, agite bastante (com o mixer ou a varinha mágica) e deixe descansar para o ar ser liberado.
Combinações	Goma de alfarroba.
Texturas	Géis elásticos em combinação com outros texturizantes. Isoladamente não forma géis, mas soluções muito viscosas. Gelifica apenas se estiver associada a outros coloides, como a goma de alfarroba, constituindo um gel elástico e quase transparente. Líquidos, com efeito suspensor (elementos em suspensão sem afundar ou "nadar" no líquido). Espessantes de molho sem aquecer.
Observações	**Goma xantana Premium:** goma xantana previamente hidratada, com características idênticas às da goma xantana comum, mas com maior dispersão e maior durabilidade em relação às espumas e emulsões. NOTA: Não espessa com álcool.

Cozinha Modernista

AR DE CASSIS

Goma xantana e albumina como estabilizantes de espumas (utilizando bomba de aquário)

150 ml de água

100 ml de creme de cassis

50 ml de groselha

0,8 g de goma xantana (0,25%)

1,8 g de albumina (0,6%)

1. Misture a água, o creme de cassis e a groselha.
2. Adicione à mistura a goma xantana e a albumina. Bata com a varinha mágica ou o mixer.
3. Verta a mistura para um recipiente de vidro alto.
4. Introduza o difusor de uma bomba de aquário e ligue a bomba. Aguarde o recipiente ficar cheio de espuma. Desligue a bomba para não vazar.
5. Sirva com uma colher e ligue a bomba, sempre que necessário, para obter mais espuma.

NOTA: Utilize em um coquetel ou em uma sobremesa.

Goma xantana

ESPUMA DE PIÑA COLADA NO SIFÃO

300 ml de suco de abacaxi (ananás)
175 ml de leite de coco
25 ml de rum escuro
0,5 g de goma xantana

Misture todos os ingredientes com o mixer. Passe por uma peneira e coloque a mistura em um sifão com uma cápsula de N_2O (*cream*). Deixe na geladeira algumas horas antes de servir.

NOTA: Sirva para decorar um coquetel ou sirva como o próprio.

TOMATES-CEREJA COBERTOS COM KETVODCA E MANJERICÃO

250 ml de vodca
1 pimenta dedo-de-moça (sem sementes)
3 g de goma xantana
Tomate-cereja
Manjericão

1. Coloque, em uma garrafa de sifão, a vodca com a pimenta dedo-de-moça. Acrescente o gás CO_2 (soda) e reserve por 30 minutos.
2. Retire o gás, abra o sifão e coe.
3. Misture 3 g de goma xantana na vodca com o mixer.
4. Tempere com tomates-cereja e complete os canapés com uma folha de manjericão.

NOTA: Utilize o sifão para extrair sabor sob pressão.

KETCACHAÇA

250 ml de cachaça de qualidade

3 g de goma xantana

Linguiça

Folhas de coentro

1. Misture a goma xantana na cachaça com o mixer.
2. Leve ao micro-ondas por 1 minuto. Isso vai espessar um pouco mais o preparado e evaporar um pouco do álcool, deixando o sabor mais agradável.
3. Utilize para servir com linguiça, cortada em rodelas e aquecida em frigideira. Decore com folhas de coentro.

"MAIONESE" DE SALMÃO

250 ml de leite

65 g de salmão defumado

1,20 g de goma xantana

1 colher (sopa) de cream cheese ou um queijo cremoso

Sal e pimenta

1. Aqueça o leite com o salmão por 8 minutos.
2. Coe a preparação. Dos 250 ml iniciais, sobram 100 ml.
3. Junte a goma xantana aos 100 ml de leite. Bata com o mixer.
4. Acrescente o cream cheese. Bata até obter a consistência de maionese.
5. Tempere com sal e pimenta.

NOTA 1: Pode ser feita com bacon em vez de salmão.

NOTA 2: Esta receita tem como resultado um creme saboroso e agradável, que pode ser consumido por pessoas com restrições alimentares.

Goma xantana

CAPPUCCINO BICOLOR

0,6 g de goma xantana

100 ml de leite

2 colheres (chá) de açúcar

125 ml café pronto

Chocolate em pó

1. Adicione a goma xantana ao leite com açúcar e use o mixer para espessar a mistura. Deixe repousar para que as bolhas de ar saiam.
2. Coloque o café em uma taça transparente, alta, e por cima despeje, vagarosamente e com cuidado, o leite adoçado com goma xantana.
3. Utilize uma taça transparente para ver a diferença de cores. Polvilhe com chocolate em pó e canela.

NOTA: O leite com goma xantana desempenha um papel determinante na retenção de aromas do café.

Goma Xantana Premium

(Ziboxan RD)

Esse produto, mais recente, é uma goma xantana pré-hidratada e depois seca, o que lhe confere propriedades um pouco diferentes. A dispersão, em particular, é muito mais rápida. As texturas obtidas também são diferentes da goma xantana comum.

As espumas preparadas com goma xantana Premium apresentam maior estabilidade porque retêm melhor o gás. Essa característica é muito importante na cozinha, pois uma espuma que precisa ser preparada na hora de ser servida exige maior número de profissionais em um restaurante para ter a mesma aparência, textura e sabor do momento em que foi desenvolvida ao momento de ser servida.

Nos molhos que simulam maioneses, a goma xantana Premium confere uma textura agradável e muito parecida com a textura de uma maionese tradicional. No entanto, não se deve usá-la com ingredientes muito gordurosos, como chouriços e salmão. Nesses casos, o resultado apresenta uma viscosidade pouco agradável ao paladar.

A goma xantana Premium não espessa líquidos com álcool. Contudo, espessa bem na presença de sal, possibilitando temperar os preparados (veja nas receitas de maioneses, apresentadas a seguir).

ESPUMA DE LEITE DE COCO
DE LONGA DURAÇÃO

100 ml de leite de coco (prepare com a carne de ½ coco maduro e 900 ml de água [água mineral misturada com a água do coco – batida e coada])

1 g de goma xantana Premium

Adicione a goma xantana ao leite de coco e use a varinha mágica ou o mixer para espessar a mistura. Forma-se uma espuma firme.

NOTA: Uma análise da espuma 70 minutos após sua preparação demonstrou que ela não apresentava alterações significativas de textura, aparência e sabor.

Goma xantana

ESPUMA DE LEITE DE SOJA

200 ml de leite de soja

1 g de goma xantana Premium

1. Bata com a varinha mágica ou o mixer até espessar e desenvolver uma espuma consistente.
2. Sirva sobre café ou outra bebida.

NOTA: Esta receita atende pessoas que não podem beber leite de vaca. A receita pode ser adoçada.

ESPUMA DE LEITE COM AÇÚCAR DE LONGA DURAÇÃO

200 ml de leite integral (gordo)

1 g de goma xantana Premium

70 g de açúcar de confeiteiro ou fino

1. Adicione a goma xantana ao leite e use a varinha mágica ou o mixer para espessar a mistura. Forma-se uma espuma firme.
2. Acrescente o açúcar e bata.

Cozinha Modernista

"MAIONESE" DE TOMATE

100 ml de tomate pelati (de lata), batido no liquidificador e coado

100 ml de creme de leite (natas)

8 folhas de manjericão

2 g de goma xantana Premium

Sal e pimenta

Bata tudo com a varinha mágica ou o mixer. Tempere com sal e pimenta.

"MAIONESE" DE MANJERICÃO E LIMÃO

200 ml de leite (ou 100 ml de creme de leite (natas) + 100 ml de água)

½ casca de limão verde (lima)

8 folhas de manjericão

2 g de goma xantana Premium

Sal e pimenta

1. Ferva o leite com a casca de limão verde e as folhas de manjericão.
2. Deixe esfriar e retire a casca de limão.
3. Acrescente a goma xantana e espesse com a varinha mágica ou o mixer. Tempere com sal e pimenta.

Goma xantana

83

Capítulo 8

A metilcelulose é produzida da celulose, de origem vegetal, por modificação química.

Seu comportamento é um pouco diferente do de outros gelificantes, pois gelifica quando aquecida de 50 °C a 70 °C e derrete quando esfria.

A metilcelulose possibilita muita criatividade na cozinha, de apresentações como o nhoque, noodles e espaguetes, sem utilização de batatas ou farinhas, a "sorvetes (gelados) quentes" e "folhas" comestíveis.

Características

- Obtido por modificação da celulose.
- Forma géis a quente.
- É termorreversível (quando os géis arrefecem, liquefazem-se de novo).
- Tolera alimentos ácidos e álcool.

Dissolução

Dispersar a metilcelulose em água fria (ou outro líquido), com agitação, usando um mixer. Deixar hidratar na geladeira por pelo menos 6 horas.

Concentrações habituais de utilização

- 1,5% para musses, géis.
- 3% para noodles.
- 4% para folhas comestíveis.

Aplicações

- Musses.
- Noodles, espaguetes, nhoques.
- Folhas comestíveis.

	Metilcelulose
Descrição	Hidrato de carbono – Polissacarídeo
Origem	Celulose de origem vegetal modificada
Características	**Espessante e gelificante**
	Forma géis a quente. À temperatura entre 50 °C e 70 °C, gelifica.
	É termorreversível.
	Quando a temperatura baixa a menos de 40 °C, volta a liquefazer.
	O sal baixa a temperatura de formação do gel
	Tolera alimentos ácidos e básicos. O pH ótimo é entre 3 e 11.
	O álcool sobe à temperatura de formação do gel.
Como utilizar	Pode-se dispersar a metilcelulose a frio com a ajuda de um mixer de modo a impedir a formação de grumos.
	Concentração
	1,5% para musses, géis e gelados quentes e para aglomerar alimentos.
	3% para a realização de noodles.
	4% para folhas comestíveis.
Texturas	Folhas comestíveis.
	Musses quentes.
	Géis quentes, noodles em caldos quentes e aglomerador de alimentos quentes.

Metilcelulose

NOODLEs DE LEITE DE COCO*

200 ml de água

12 g de metilcelulose (6%)

200 ml de leite de coco

Sal e ervas (a gosto)

Água, água de coco ou caldo para o cozimento

1. Faça uma solução de metilcelulose com água (deixe hidratar pelo menos 6 horas).
2. Misture o leite de coco com ervas e sal, bata bem e passe por uma peneira.
3. Misture partes iguais das duas soluções para que fique com uma concentração final de 3%. Se necessário, use a varinha mágica ou o mixer.
4. Encha uma seringa e despeje dentro do líquido escolhido, bem quente, para fazer noodles.

* Adaptado de Moura, 2011.

Cozinha Modernista

FOLHAS DE CELOFANE DE FRUTAS*

200 ml de suco de fruta

8 g de metilcelulose (4%)

1. Faça uma solução com o suco de fruta e a metilcelulose. Reserve na geladeira por 6 horas.
2. Retire o preparado do frio e misture bem com uma colher.
3. Com a ajuda de uma espátula, espalhe a mistura em uma folha de teflon (ou em um vidro com a superfície revestida com uma película fina de glicerol, ou em um tapete de silicone ou Silpat®).
4. Deixe secar à temperatura ambiente, em local seco, por cerca de 12 horas.

* Adaptado de Moura, 2011.

Metilcelulose

FOLHAS DE PRESUNTO

150 g de presunto (tipo Parma)
300 ml de água
6 g de metilcelulose

1. Cozinhe o presunto na água até o líquido ficar com um forte sabor de presunto.
2. Coe a preparação e descarte o presunto utilizado.
3. Adicione a metilcelulose à água de presunto e bata com o mixer até obter uma pasta homogênea.
4. Deixe na geladeira por 6 horas para hidratar.
5. Prepare as folhas usando um dos métodos descritos a seguir.
6. Use na decoração de pratos em que queira introduzir o sabor do presunto de modo diferente.

Folhas no desidratador

1. Espalhe a preparação, como pequenas folhas, em uma superfície de silicone (vem com o desidratador). Deixe-a desidratar cerca de 30 minutos.

Folhas no forno

1. Espalhe a preparação, como pequenas folhas, em um tapete de silicone (Silpat®).
2. Coloque no forno a 140 °C com a porta aberta por 30 minutos e depois mais 10 minutos com a porta fechada.

Cozinha Modernista

APARAS DE LÁPIS FINGIDAS DE CHOURIÇO

200 ml de água

50 g de chouriço

Azeite

1 pitada de maltodextrina (para ficar com a textura de aparas de lápis)

5,5 g de metilcelulose

1. Frite o chouriço em uma frigideira, com um fio de azeite, até dourar um pouco. Acrescente a água e deixe ferver por 10 minutos.
2. Bata tudo no liquidificador. Coe, deixe esfriar e retire a gordura que se forma em cima. Meça 150 ml do preparado e acrescente a metilcelulose. Bata com o mixer, em seguida acrescente a maltodextrina.
3. Deixe hidratar na geladeira por 6 horas.
4. Espalhe a preparação em um tapete de silicone e leve ao forno combinado, a 130 °C, por 30 minutos ou até secar.
5. Retire do tapete, com uma espátula, raspando partes pequenas, de cada vez, para que fique parecido com aparas de lápis.

NOTA: Pode utilizar um bastão de queijo na hora de servir, fingindo ser o lápis e acrescentando as folhas na ponta do queijo.

Metilcelulose

NHOQUE DE GORGONZOLA

6 g de metilcelulose

75 ml de leite

25 g de queijo gorgonzola

Caldo de vegetais ou água para cozimento

1. Faça uma solução com a metilcelulose, o leite e o queijo, batendo com o mixer, e deixe hidratar por pelo menos 6 horas.
2. Encha um saco de confeiteiro, corte a ponta da largura de um nhoque.
3. Corte pedaços da mistura do nhoque dentro de um caldo qualquer bem quente. Deixe cozinhar rapidamente e retire-os.
4. Sirva com um molho.

NOTA: Pode ser feito no micro-ondas, em 30 segundos, em fôrmas de silicone, com o mesmo formato e sem necessidade do caldo.

Capítulo 9

Esse foi o primeiro espessante/gelificante utilizado pelo chef Ferran Adrià no restaurante elBulli em 1998. Com ele, foram desenvolvidas receitas que surpreenderam seus clientes, como gelatinas quentes e frias, dos mais diversos sabores, e o talharim sem farinha. (elBulli, (b), s.d.)

Ferran considera a utilização de ágar não só uma nova e importante técnica de trabalho, mas, sobretudo, uma vasta gama de possibilidades abertas que a tornam um método criativo por si só.

Extraído de algumas algas vermelhas marinhas da classe Rodophyceae, o ágar já era amplamente utilizado no Japão, na China, nas Filipinas e em várias regiões asiáticas desde o século XVII, não só para fabricar géis mas também como espessante de sopas e molhos.

No século XIX, atravessou fronteiras e passou a ser utilizado na Europa em sobremesas e, logo depois, na indústria alimentar.

Segundo uma lenda japonesa, o método de produção de ágar foi descoberto por acaso em meados do século XVII pelo dono de uma pequena hospedaria. Por ocasião de uma viagem no inverno, uma tempestade de neve obrigou o imperador a se refugiar na hospedaria. Na ocasião, foi-lhe oferecido ao jantar um prato tradicional à base de um gel elaborado com a fervura de uma alga vermelha marinha em água. Após o jantar os restos foram jogados fora e congelaram durante a noite. De dia, com o calor do sol, derreteram e secaram, transformando-se após alguns dias em uma substância branca, seca e porosa encontrada pelo dono da hospedaria. Surpreendido pela transformação, e curioso, descobriu que se os fervesse em água obtinha de novo um gel, até mais claro que o obtido das algas. Essa descoberta acidental deu origem ao método de fabricação do ágar.

O ágar, um dos espessantes/gelificantes mais usados na culinária, é de origem vegetal, ao contrário da gelatina que é de origem animal, sendo por isso muitas vezes denominado "gelatina vegetal".

Seu poder de gelificação é muito superior ao da gelatina e, mais importante, ele mantém a estrutura de gel mesmo a temperaturas altas. De fato, o ágar – que tem de ser dissolvido a quente – gelifica perto de 35 °C e só volta a derreter se for aquecido a 85 °C. Torna-se, então, ideal para produzir géis em climas tropicais, razão que possibilita a combinação de texturas e de temperaturas menos vulgares e até surpreendentes.

Sob o ponto de vista nutricional, o ágar não é digerido nem absorvido pelo intestino humano e funciona como uma fibra dietética.

Pode ser comprado em pó, flocos ou barras, o que faz com que em muitas ocasiões seja necessária uma adaptação das receitas. Tendo em conta suas características, pode ser utilizado em dietas de baixas calorias e em receitas para vegetarianos.

Características

- Extraído de algas vermelhas.
- Insolúvel em água fria.
- Solúvel em temperaturas acima de 85 °C.
- Se aquecido em torno de até 70 °C, não perde sua característica de gel.
- A resistência do gel é reduzida em soluções muito ácidas e salgadas (pH menor que 4).
- Não gelifica se for dissolvido diretamente em meio alcoólico, é necessário dissolver em água primeiro e depois adicionar o componente alcoólico.

Dissolução

Adicione a água e o ágar, leve ao micro-ondas e aqueça a mistura até entrar em ebulição. Levante fervura três vezes (retirando e colocando de volta no micro-ondas), mexendo sempre para garantir a dissolução do ágar. Também pode ser dissolvido no fogo do fogão. Nesse caso, deixe ferver por, no mínimo, 3 minutos.

Gelificação

Solidifica a cerca de 30 °C a 40 °C.

Concentrações habituais

0,25% para espessar.

0,50% para gel suave.

1% para gel médio.

2% para gel duro.

3% para gel muito duro.

Ágar

Aplicações

Gel de suave a muito duro.
Géis quentes.

Cuidados

Precauções com alimentos ácidos.

Se a preparação (dissolução) do ágar ocorrer em meio ácido (ex.: sumo de limão, vinagre etc.) pode dar-se sua hidrólise (quebra das cadeias, ocasionada pela ruptura de ligações químicas entre as unidades que as constituem), o que inviabiliza sua gelificação.

Para obter um gel consistente quando se usa um ingrediente ácido, sua adição deve ser feita apenas após a dissolução do ágar e já depois de a temperatura ter baixado bem.

Não despejar soluções de ágar pelo ralo. A prática correta é deixar solidificar e colocar o gel no caixote do lixo. Se forem despejadas no ralo, poderão solidificar e entupi-lo.

Problemas mais frequentes

O ágar não solidifica da maneira correta. Causas prováveis:

- Baixa concentração de ágar.
- O ágar não ferveu o tempo suficiente. Nesse caso nem todo o ágar se dissolveu e, portanto, a concentração de ágar disponível para gelificar fica mais baixa, o que acaba tornando a consistência final menos sólida. Caso isso aconteça, pode-se voltar a aquecer o ágar, cuidando para que dessa vez a dissolução seja completa.
- Adicionou-se um alimento ácido antes de o ágar estar todo dissolvido e devidamente arrefecido. Nesse caso, o ideal é fazer uma nova solução de ágar seguindo as recomendações anteriores.

Fraca intensidade do sabor do alimento adicionado ao ágar. Causas prováveis:

- Concentração de ágar demasiado elevada, formando um gel "forte" demais.
- Pouca concentração do ingrediente.

	Ágar
Descrição	Hidrato de carbono – Polissacarídeo
Origem	Algas vermelhas da classe das Rodophycae (Gelidium e Gracilaria)
Características	**Espessante e gelificante** Insolúvel em água fria. Solúvel em temperaturas acima de 85 °C. Solidifica-se entre 30 °C e 40 °C. Se aquecido até aproximadamente 70 °C não perde sua característica de gel. Liquefaz por ação de calor (acima de 85 °C). A resistência do gel é reduzida em soluções muito ácidas e salgadas (pH menor que 4). Não gelifica se for dissolvido diretamente em meio alcoólico, é necessário dissolver em água primeiro e depois adicionar o componente alcoólico. **Concentração** 0,25% para espessar. 0,50% para gel suave. 1% para gel médio. 2% para gel duro. 3% para gel muito duro.
Como utilizar	**Dissolução:** adicione a água e o ágar, leve ao micro-ondas, aqueça a mistura até entrar em ebulição. Levante fervura três vezes (retirando e colocando de volta no micro-ondas), mexendo sempre para garantir a dissolução do ágar. Gelificação: deixe esfriar até solidificar.
Texturas	Gel firme e quebradiço. Espaguete. Gomas. Geleias. Espessante - Sopas.

Ágar

CUBOS DE VINHO DO PORTO

Calda de açúcar simples

50 g de açúcar
100 ml de água

Misture o açúcar com a água e aqueça, mexendo até dissolver.

Cubos

200 ml de vinho do Porto
50 ml de calda de açúcar
2,5 g de ágar

1. Misture 100 ml de vinho do Porto com a calda de açúcar.
2. Adicione o ágar, disperse bem e aqueça até dissolver completamente.
3. Adicione os restantes 100 ml de vinho do Porto.
4. Coloque a mistura em um recipiente com cerca de 1 cm de altura e deixe arrefecer até gelificar.
5. Corte cubinhos de gel.

ESPAGUETE DE SUCO DE UVA

1 g de ágar
100 ml de suco de uva
Gelo

1. Dissolva, como descrito, o ágar no suco de uva.
2. Coloque em uma tigela uma mistura de gelo e água.
3. Encha uma seringa de 60 ml com a solução de ágar e suco de uva, adapte a um tubo de silicone e injete aos poucos a solução no tubo até enchê-lo.
4. Coloque o tubo dentro de água com gelo até que o ágar solidifique.
5. Adapte ao tubo a seringa cheia de ar e empurre o espaguete formado, pressionando o êmbolo da seringa.

Cozinha Modernista

GELEIA DE VINHO DO PORTO

50 ml de vinho do Porto
0,3 g de ágar

Leve o vinho do Porto com o ágar ao micro-ondas até o ágar levantar fervura três vezes. Deixe gelificar à temperatura ambiente ou na geladeira. Após isso, mexa bem com um garfo ou com o mixer para ficar com uma textura tipo geleia.

NOTA: Utilize para dar sabor e decorar um canapé feito com lichias e patê de foie gras.

AÇAFRÃO DE MOLHO TERIYAKI OU ALGAS PRETAS DE MOLHO TERIYAKI

Molho teriyaki

50 ml de molho de soja light
50 ml de saquê Mirin
50 g de açúcar
3 rodelas de gengibre em conserva ou fresco

Misture tudo em uma panela e leve ao fogo baixo, cerca de 5 minutos, para reduzir um pouco. Retire, coe e guarde na geladeira.

Preparação com ágar

2,8 g de ágar
100 ml de molho teriyaki

1. Misture tudo no micro-ondas, deixe ferver três vezes, retirando a cada fervura e colocando de volta no micro-ondas.
2. Retire, coloque em fôrmas de silicone e deixe solidificar na geladeira.
3. Com um ralador, faça tirinhas do molho. Coloque em um frasco e use para decorar pratos.

Ágar

BALINHAS DE CAQUI

380 g de caqui (dióspiro) descascado
150 g de açúcar
2,3 g de ágar
Açúcar cristal

1. Retire a pele do caqui e coloque o açúcar por cima. Deixe na geladeira de um dia para o outro. Ficará quase líquido.
2. Disperse o ágar em 10 ml de água.
3. Leve ao fogo a mistura do caqui por 10 minutos, mexendo de vez em quando. Acrescente o ágar, misture e deixe ferver por 5 minutos. Retire, disponha em um tabuleiro e coloque na geladeira.
4. Corte em formato de balinhas compridas ou redondas. Ao servir, polvilhe com açúcar cristal se desejar.

Cozinha Modernista

ESPAGUETE DE MOLHO DE TOMATE

½ cebola média (picada)
1 dente de alho (picado)
1 colher (sopa) de azeite
3 tomates sem pele e sem semente
1 lata de tomate pelati
Sal e pimenta
Ágar q.b. (1 g de ágar para cada 100 ml do molho de tomate coado)
Manjericão fresco para decorar

1. Murche a cebola e o alho no azeite.
2. Acrescente o tomate fresco e de lata picados e deixe no fogo baixo por 20 minutos. Tempere com sal e pimenta.
3. Acrescente 100 ml de água para cada 200 ml de molho de tomate, bata no liquidificador e coe.
4. Junte 1 g de ágar para cada 100 ml do molho de tomate coado.
5. Ferva o molho com o ágar três vezes no micro-ondas.
6. Coloque em uma tigela uma mistura de gelo e água.
7. Encha uma seringa de 60 ml com a solução, adapte-a a um tubo de silicone, que deve estar dentro de água com gelo, deixando as duas extremidades de fora. Deixe alguns minutos para que a mistura esfrie e gelifique.
8. Adapte a seringa, cheia de ar, ao tubo e empurre o espaguete diretamente para o prato de massa. Decore com o manjericão.

Ágar

Composição do prato

250 g de espaguete

Sal grosso

2 colheres (sopa) de azeite ou manteiga

1 folha de louro

1 dente de alho (inteiro)

100 g de parmesão Grana Padano.

1. Em uma panela grande, ferva 800 ml de água para cada 250 g de massa. Acrescente sal grosso e a massa, mexendo para evitar que grude. Cozinhe até ela ficar al dente.
2. Escorra e salteie em azeite ou manteiga, com 1 folha de louro e 1 dente de alho inteiro.
3. Descarte o louro e o alho. Coloque o espaguete em um prato fundo, em porção individual. Cubra com o queijo ralado.
4. Retire da seringa o espaguete de tomate, diretamente para o prato, colocando-o sobre o queijo. Decore com manjericão.

NOTA: Este formato de espaguete de tomate pode ser um atrativo para crianças que têm relutância em comer vegetais. Pode, também, ser feito com outros vegetais, como cenoura, espinafre etc.

"Gelatinas" de limão com cenoura ou tomate

50 g de suco de limão verde (lima)

Cenoura ou tomate-cereja (cenoura cortada em rodelas finas ou tomates-cereja cortados ao meio)

1. Misture 25 ml de água com o açúcar e leve ao fogo até ficar bem dissolvido e obter uma calda rala.
2. Misture os outros 50 ml de água com o ágar. Ferva 3 minutos no fogo ou 3 minutos no micro-ondas.
3. Ao retirar do fogo, junte a calda de açúcar e o suco de limão e mexa bem. Coloque em forminhas, adicione a cenoura ou o tomate e deixe gelificar na geladeira.
4. Sirva como lanche para crianças.

Ágar

Capítulo 10

Os alginatos são amplamente usados como aditivos alimentares e suas funções são a melhoria da textura, o retardamento da retrogradação do amido e o aumento da retenção de água nos alimentos. Podem ser adicionados a uma variedade de líquidos para produzir soluções de alta viscosidade ou criar redes intermoleculares coesivas que causam a formação de géis com propriedades únicas. Como resultado, eles desempenham as funções de agentes espessantes, gelificantes e estabilizantes em emulsões ou produtos congelados.

Os alginatos são hidratos de carbono produzidos por algumas algas marrons (castanhas), *Phaeophyceae*. Essas algas produzem uma mistura de vários sais do ácido algínico, os alginatos, que são uma componente das suas células e conferem às algas resistência mecânica e flexibilidade. Eles constituem cerca de 40% da matéria seca das algas, que são a matéria-prima base para a produção industrial de alginatos.

Os alginatos foram descobertos em 1881 por E.C.C. Stanford e alguns anos mais tarde, em 1896, foram isolados por A. Krefting. Em 1929 começaram a ser industrializados pela Kelco Co e desde então são usados pela indústria em produtos alimentares. Fazem parte dos hidrocoloides mais estudados e, hoje, são empregados em todas as áreas da indústria de alimentos, bem como em áreas farmacêutica, odontológica, aplicações cosméticas, na indústria têxtil e em biotecnologia.

Como não são degradados na digestão, seu uso produz como efeito físico a introdução de fibras para a regulação do trato intestinal e incremento da saúde gastrointestinal. Têm-lhes sido atribuídos outros benefícios para a saúde, como o controle da obesidade, do diabetes ou dos níveis de colesterol no sangue.

No que diz respeito ao mecanismo de gelificação, as cadeias dos alginatos ligam-se entre si na presença de íons cálcio e formam um gel. De fato, existem grupos com cargas negativas; já o cálcio tem duas cargas positivas e cria uma ponte entre cadeias, originando assim a rede tridimensional de moléculas longas, que costuma ser exemplificada como no modelo da caixa de ovos.

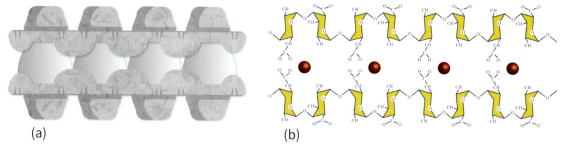

(a)   (b)

Formação de um gel (a) e (b)

Como a dissolução do alginato é feita a frio, apenas com agitação, e o processo de gelificação é realizado unicamente com a adição de cálcio, e ainda considerando que os géis não se liquefazem com o aumento de temperatura, esse hidrocoloide apresenta características únicas e grandes potencialidades para ser utilizado na cozinha. No entanto, sua utilização nem sempre é fácil haja vista que em meios ácidos ele não se dissolve e em meios com muito cálcio provoca a formação imediata de um gel que pode impedir sua utilização para algumas aplicações, como é o caso das esferificações relatadas adiante.

O alginato, dadas suas características, abre assim uma gama de possibilidades de inovação em comidas e bebidas – tais quais a modernização de sabores caseiros, a reinvenção de conceitos, o uso de produtos pouco explorados, a facilitação em dietas restritivas e a exploração de conhecimento –, contribuindo para a evolução estética do gosto.

O alginato disponível para cozinhar é o alginato de sódio. Os sais de cálcio que podem ser combinados com ele para induzir a gelificação e que estão disponíveis são o cloreto de cálcio, o lactato de cálcio e o gluconato de cálcio. O cloreto de cálcio é de fácil dissolução, menor custo, mas pode conferir sabor, não devendo portanto ser usado em todas as situações. O lactato de cálcio, o gluconato de cálcio ou uma mistura dos dois tem menor solubilidade, menor teor de cálcio, devendo, assim, ser manipulados em maior quantidade. Seu custo é mais elevado, contudo, têm a vantagem de não conferir sabor.

Alginato de sódio é o hidrocoloide usado para os vários tipos de esferificações, técnica introduzida na cozinha por Ferran Adrià e que possibilita transformar líquidos em pequenas esferas revestidas por uma fina película de gel enquanto mantém o interior líquido. Tais esferas podem ser de vários tamanhos; consoante o tipo de esferificação, esse aspecto será tratado em mais detalhe adiante.

Está ainda disponível no mercado, comercializado pela marca espanhola Sosa, um produto denominado gelbúrguer, que é apresentado em algumas receitas. O produto apresenta características muito interessantes por ser uma mistura de alginato e um composto de cálcio de liberação lenta. Assim, caso seja adicionado a líquidos variados, possibilita a lenta gelificação e a formação de géis a frio, que podem ser moldados. Resistentes ao calor, costumam ser usados em produtos assados no forno ou mesmo ser grelhados ou flambados sem haver alteração de textura.

Alginato de sódio

Apresenta-se em seguida um resumo das características deste hidrocoloide, de utilidade para quem deseje trabalhar com ele.

Alginato de sódio – características e utilização prática

Características

- Extraído de algas castanhas.
- Espessante, estabilizante, gelificante.
- Gelifica na presença de íons cálcio (cloreto de cálcio, lactato de cálcio ou gluconato de cálcio).
- Preparações com alto teor de álcool devem ser diluídas.
- Não pode ser usado com alimentos muito ácidos.
- Forma um gel termorresistente, ou seja, não se torna líquido de novo mesmo quando reaquecido.

Dissolução do alginato

O alginato de sódio é solúvel tanto a frio como a quente. Para fazer uma solução homogênea de alginato de sódio em qualquer líquido é necessário tomar algumas precauções para evitar a formação de grumos. É, então, aconselhável adicionar o pó de maneira gradual ao líquido fortemente agitado, por exemplo com a ajuda de um mixer. Bater até não mais observar grumos e deixar repousar algumas horas para que a solução perca as bolhas de ar.

Caso se adicione açúcar à preparação, uma boa opção é começar misturando o alginato com o açúcar. Desse modo, evita-se a formação de grumos.

É importante conhecer as características da água usada. As águas muito calcárias (águas duras) levam à gelificação do alginato, impossibilitando a fase seguinte da preparação das esferas – se houver essa fase. Nesse caso deve-se usar água mineral com baixo teor de cálcio.

Não se pode dissolver o alginato em leite ou outros produtos lácteos uma vez que todos eles são ricos em cálcio.

Concentrações habituais

As concentrações mais habituais de alginato variam entre 0,5% e 2% (concentração final), sendo a mais comum 1%.

Preparação de soluções de cálcio para gelificação

As concentrações de cloreto de cálcio mais habituais variam entre 0,5% e 1%.

Soluções de lactato de cálcio devem ser preparadas com concentrações de cerca de 2% a 2,5% e soluções de gluconato com cerca de 3%.

Para uma solução de cloreto de cálcio a 1%, juntar em um recipiente 1 g de cloreto de cálcio a 100 ml de água. Mexer com uma colher até dissolver completamente.

Aplicações

Falsos caviares, esferas tipo "gema de ovo", géis enformados.

	Alginato de sódio
Descrição	Hidrato de carbono – Polissacarídeo
Origem	Extraído das algas castanhas *(Macrocystic, Fucus, Laminaria ascophyllum)*
Características	**Gelificante, espessante e estabilizante** Para gelificar, o alginato de sódio precisa reagir com sais de cálcio. A proveniência, o tipo e a parte da alga utilizada para extração influenciam as características do alginato, variando sua textura e capacidade de reação ao cálcio. Forma géis termoirreversíveis, ou seja, não se liquefazem com o aumento da temperatura. Pode ser utilizado na presença de alimentos com vários graus de acidez. Soluções com pH menor que 4 impedem a formação de uma estrutura gelificante. pH ótimo: entre 4 e 7. Pode ser usado em meios alcoólicos com teores até 50%.
Como utilizar	**Dissolução:** adicionar o alginato ao meio e agitar até dissolver. Para melhores resultados, aguardar as bolhas de ar se libertarem. Gelificação: em contato com cálcio. Concentração: esferificação direta, alginato a 1%. Esferificação inversa: banho de alginato a 0,5%.
Combinações	Cloreto de cálcio, em forma de banho, para a formação de esferas. Lactato ou gluconato de cálcio para banho ou para esferificação inversa.
Texturas	Esferificação. Géis enformados. Sorvetes.
Observações	**Gelbúrguer** Mistura de alginato e um composto de cálcio de liberação lenta. Géis resistentes ao calor que podem ser usados a frio e a quente (grelhados, em produtos que são assados no forno – recheio, sobre bolachas…). Esses géis podem ser enformados, pois o cálcio é liberado lentamente e, assim, o processo de gelificação é mais demorado.

Alginato de sódio

Técnica: Esferificação básica ou direta

Dissolva o alginato no líquido que pretende esferificar.

Para fazer esferas pequenas (tipo caviar), deixe cair aos poucos gotas da solução de alginato em uma solução do cálcio com a ajuda de uma pipeta, de um conta-gotas ou de uma seringa.

Para obter esferas maiores, despeje a solução de alginato no banho de cálcio com uma colher. Retire as esferas com uma colher perfurada ou um coador e passe por água. É importante lavar bem as esferas de modo a remover a solução de cálcio. Caso contrário, o cálcio continuará a difundir-se, solidificando o alginato e formando uma película demasiado espessa, o que faz com que o líquido se perca no interior. O sabor do cloreto de cálcio é desagradável. Sirva de imediato.

NOTA: As concentrações de alginato e de cálcio, e o tempo de permanência das esferas na solução gelificante, determinam a consistência da película que envolve as esferas de caviar. Devem ajustar-se em cada caso às condições mais adequadas.

CAVIAR DE VODCA

Mistura de vodca

1 g de alginato
50 ml de água
50 ml de vodca

Banho

200 ml de água
2 g de cloreto de cálcio (1%) ou 5 g de lactato de cálcio (2,5%)

1. Adicione 1 g de alginato a 50 ml de água mineral com baixo teor de cálcio e bata bem com o mixer.
2. Adicione à mistura anterior a vodca e agite para homogeneizar. Deixe em repouso algumas horas para perder as bolhas de ar.
3. Prepare a solução de cloreto de cálcio em água.
4. Para fazer o caviar, deixe cair gota a gota a solução de vodca na solução de cálcio e mantenha tempo suficiente para obter esferas estáveis.
5. Retire as esferas com um coador. É importante lavá-las em água. Sirva de imediato.

CAVIAR DE COENTRO

Mistura de coentro

1 maço (molho) de coentro

200 ml de água mineral

1 g de alginato

Banho

200 ml de água

2 g de cloreto de cálcio (1%) ou 5 g de lactato de cálcio (2,5%)

1. Branqueie um maço (molho) de coentro 15 segundos em água a ferver. Retire e coloque em água fria.
2. Escorra o coentro, acrescente a água mineral com baixo teor de cálcio e bata com o mixer. Passe por uma peneira para obter o líquido.
3. Adicione 1 g de alginato a 100 ml da mistura de coentro. Bata com o mixer e deixe repousar um pouco para perder as bolhas de ar.
4. Prepare a solução de cloreto de cálcio em água.
5. Para fazer o caviar, deixe cair gota a gota a solução de coentro na solução de cálcio e mantenha tempo suficiente para obter esferas estáveis.
6. Retire as esferas com um coador. É importante lavá-las em água. Sirva de imediato.

NOTA: Dado que coentro tem cálcio, a mistura com o alginato pode começar a gelificar e tornar-se muito viscosa se usar uma grande quantidade de coentro para a solução. Nesse caso, será preciso preparar outra solução adicionando um pouco de água ao líquido obtido antes de adicionar o alginato ou usando menos coentro.

Alginato de sódio

Receitas segundo a técnica de esferificação básica ou direta

ESFERAS DE SUCO DE ABACAXI

Mistura do suco

100 ml de suco de abacaxi (suco de caixinha)
1 g de alginato

Banho

100 ml de água
1 g de lactato de cálcio

1. Misture o suco com o alginato e bata com o mixer. Deixe repousar para eliminar as bolhas de ar.
2. Em uma tigela, misture a água com o cloreto de cálcio.
3. Com uma colher pequena em forma de semiesfera, uma bisnaga ou pipeta (conforme o tamanho da esfera desejada), goteje, com cuidado, a preparação do suco no banho de cálcio.
4. Utilize uma colher perfurada para retirar as esferas e colocá-las em uma tigela apenas com água, a fim de "lavá-las" para retirar qualquer resíduo de sabor indesejado. Com a mesma colher, retire as esferas da água e seque-as com papel absorvente ou pano. Observe que, nesta receita, foi usado o cloreto de cálcio no lugar do lactato de cálcio. Por isso, é preciso passar água nas esferas para retirar o gosto do cloreto. O lactato de cálcio não apresenta quase nenhum sabor.

NOTA: O suco de caixinha utilizado contém goma xantana em sua composição. Ao ser misturado com o alginato fica com uma textura consideravelmente mais viscosa, quase um gel. Em alguns casos, isso também pode acontecer por outras razões, como o teor de cálcio do suco. No entanto, nesse caso, as esferas vão se desenvolver como o esperado, mas não ficarão com o interior líquido, e sim gelatinoso.

ESFERAS DE XAROPE DE GROSELHA NO REFRIGERANTE

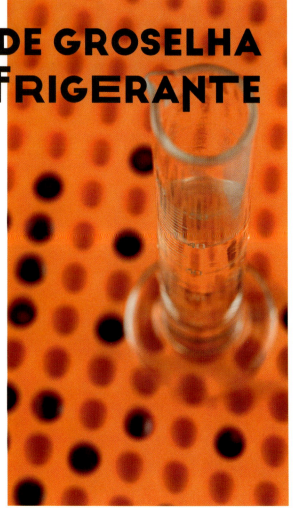

Mistura de groselha

50 ml de água
1 g de alginato
50 ml de xarope de groselha

Banho

1 g de cloreto de cálcio
100 ml de água
Sprite ou Seven Up para servir

1. Misture a água com o alginato e bata com o mixer.
2. Adicione o xarope de groselha e bata mais uma vez apenas até ficar homogêneo. Deixe repousar para a saída das bolhas de ar.
3. Em uma tigela, prepare uma solução com o cloreto de cálcio e 100 ml de água.
4. Com uma colher pequena, uma bisnaga ou pipeta (conforme o tamanho da esfera desejada), deixe cair com cuidado a preparação da groselha no banho de cálcio.
5. Utilize uma colher perfurada, retire as esferas e coloque-as em uma tigela só com água para retirar qualquer resíduo de cloreto de cálcio. Este confere um sabor pouco agradável e também diminui o tempo de duração das esferas, já que o cálcio migra para o interior e as esferas ficam completamente sólidas.
6. Com a mesma colher, retire as esferas da água e seque-as com papel absorvente ou pano. Coloque-as em um copo com Sprite ou Seven Up.

NOTA: Essas esferas podem ser feitas com licor de menta ou Blue Curaçau, procedendo da mesma maneira.

Alginato de sódio

ESFERAS DE AZEITE

Não é possível dispersar o alginato diretamente no azeite, pois, pelas suas características moleculares, ele não dissolve em gorduras. Por ser um hidrocoloide, o alginato só interage com água; nesta receita, então, inicia-se dispersando-o na água para só depois adicionar o azeite, preparando uma emulsão (estabilizada pelo alginato) que vai gelificar.

Mistura de azeite

50 ml de água
1 g de alginato
50 ml de azeite extravirgem

Banho

100 ml de água
1 g de cloreto de cálcio

1. Misture a água com o alginato e bata com o mixer.
2. Acrescente o azeite e bata por 1 minuto.
3. Prepare a solução de água com o cloreto de cálcio.
4. Com uma pipeta, despeje a emulsão de azeite com alginato, gota a gota, na solução de cálcio.
5. Remova as esferas e lave-as. Em seguida, escorra e seque-as.

Cozinha Modernista

FLORES LÍQUIDAS DE LICOR DE MENTA

Mistura de licor

1 g de alginato
50 ml de água mineral com baixo teor de cálcio.
50 ml de licor de menta

Banho

4 g de lactato de cálcio
200 ml de água

1. Misture a água com o alginato e bata com o mixer.
2. Acrescente o licor de menta e misture.
3. Deixe repousar a solução para perder as bolhas de ar.
4. Coloque em forminhas de silicone, no formato de flores, e leve ao congelador.
5. Prepare o banho de lactato.
6. Retire as flores congeladas e coloque-as na solução de lactato de cálcio por 1 minuto. A flor vai descongelar dentro do banho e inchar um pouco.
7. Retire as flores com uma colher perfurada, lave-as em água mineral e sirva de imediato.

Técnica: Esferificação inversa ou indireta

Nesta técnica adiciona-se sal de cálcio (nas proporções indicadas para as preparações de solução de cálcio) ao líquido que se pretende esferificar. Os sais de cálcio ideais são o lactato ou o gluconato de cálcio, que não conferem sabor. Em alguns casos o líquido já tem cálcio suficiente (iogurtes, queijo…) e não é necessário adicionar.

O líquido com cálcio é então despejado em um banho de alginato. O cálcio difunde-se para o exterior, gelificando o alginato e criando uma película de gel em torno do líquido.

Como as soluções de alginato têm uma certa viscosidade, o líquido com cálcio deve ter viscosidade idêntica ou maior, senão flutua. Caso seja baixa, a viscosidade do líquido deve ser ajustada com a goma xantana (0,5% é a concentração habitual).

Uma alternativa, que dispensa o uso de goma xantana, é congelar o líquido que se pretende esferificar, caso seja possível (ver o exemplo da esferificação de laranja com vodca).

Para o banho de alginato, em geral prepara-se uma solução de alginato em água a 0,5% (2,5 g para 500 ml).

Para efetuar a esferificação despeja-se a solução de alginato no banho de cálcio com uma colher ou pipeta larga e aguarda-se o tempo necessário para obter uma película com as características desejadas. Caso se tenha usado a técnica de congelamento, as porções congeladas no banho de alginato devem ser despejadas sem se tocarem entre si e aguardar cerca de 10 a 15 minutos. Antes de servir, o ideal é aguardar o descongelamento completo.

Essa técnica possibilita que as esferas sejam feitas com antecedência, uma vez que o alginato, por ser formado por moléculas longas, não migra para o interior das esferas e, portanto, estas mantêm-se líquidas. As esferas podem ser feitas com antecedência e guardadas em óleo ou em uma calda de açúcar.

Técnica: Esferificação inversa de laranja com vodca*

Nesta receita demonstra-se a esferificação inversa com congelamento do líquido a esferificar e banho em meio alcoólico. Note que, assim, a vodca não fica no interior da esfera mas na cápsula gelificada que envolve o líquido.

* Adaptado do site Powell, 2012.

Cozinha Modernista

ESFERAS DE LARANJA COM VODCA

125 ml de suco de laranja
2,5 g de lactato de cálcio
300 ml de vodca
2,5 g de alginato de sódio
200 ml de água

1. Bata o suco de laranja com o lactato de cálcio até dissolver. Utilize o liquidificador ou o mixer.
2. Com uma seringa, preencha as semiesferas de uma fôrma de silicone e congele.
3. Bata a água com o alginato no liquidificador ou com o mixer. Acrescente a vodca.
4. Deixe descansar por 15 minutos ou até perder o ar.
5. Despeje em um recipiente plano e baixo o banho de vodca com alginato.
6. Retire as esferas de suco da fôrma de silicone e coloque-as no banho de vodca com alginato, tomando cuidado para que não encostem uma na outra.
7. Aguarde 15 minutos para que se forme uma camada de gel de vodca em torno do suco de laranja e as esferas descongelem totalmente. Retire as esferas e sirva-as.

Alginato de sódio

ESFERAS DE IOGURTE

250 ml de água
1,25 g de alginato
200 g de iogurte

1. Bata a água com o alginato no liquidificador ou com o mixer.
2. Deixe descansar por 15 minutos ou até perder o ar e coloque em um recipiente baixo e com fundo plano.
3. Disponha colheradas de iogurte na solução, tendo o cuidado de que não entrem em contato umas com as outras. Verifique o tempo necessário para a formação de uma película resistente em torno do iogurte.
4. Aguarde cerca de 1 minuto e retire as esferas da solução e lave-as em uma tigela com água.

NOTA: Não é necessário adicionar nenhum sal de cálcio porque o iogurte já contém quantidade de cálcio suficiente para causar a reação.

Ao adicionar açúcar ao iogurte, a película formada fica mais resistente e isso se intensifica à medida que aumenta a quantidade de açúcar. Verificou-se que, em contato com o alginato, o açúcar auxilia na formação da película, melhorando sua resistência em tempo e concentrações idênticas.

É possível introduzir corante no interior da esfera enquanto ela está no banho de alginato, seja com uma seringa, seja misturando o corante ao banho de alginato. Também é possível aromatizar o banho, dando sabor à esfera.

Quando é introduzida, a cor costuma se espalhar, aleatoriamente, na parte interna da esfera.

Cozinha Modernista

ESFERAS DE CREAM CHEESE DE KEFIR

250 ml de água
1,25 g de alginato
100 g de cream cheese de kefir

1. Bata a água com o alginato no liquidificador ou com o mixer.

2. Deixe descansar por 15 minutos ou até perder o ar e coloque em um recipiente baixo e com fundo plano.

3. Disponha colheradas do cream cheese de kefir na solução, tendo o cuidado de que não entrem em contato umas com as outras. Deixe no banho o tempo necessário para a película ter a consistência adequada.

NHOQUE DE QUEIJO COM IOGURTE

Nhoque
100 g de requeijão cremoso
100 g de queijo gorgonzola
25 g de iogurte integral
Pimenta-do-reino

Banho

250 ml de água
2,5 g de alginato

1. Triture todos os ingredientes do nhoque para as esferas e tempere a gosto com pimenta moída.

Alginato de sódio

2. Para fazer o banho, bata a água com o alginato no liquidificador ou com o mixer.
3. Deixe descansar por 15 minutos ou até perder o ar e coloque em um recipiente baixo e com fundo plano.
4. Coloque porções do preparado do nhoque em um saco de confeiteiro e corte, com uma tesoura, pedaços perto da superfície do banho de alginato, de modo a obter o nhoque de queijo. Deixe os pedaços no banho cerca de 2 minutos (o tempo de permanência vai determinar a espessura da camada de gel no exterior).
5. Retire os pedaços de nhoque de queijo e passe-os na água. Sirva com um molho de abóbora e decore com presunto desidratado.

Molho de abóbora (como base para o nhoque de queijo)

500 g de abóbora (em pedaços)
1 cebola
1 colher (sopa), bem cheia, de requeijão
Salsa
Água

1. Cozinhe no vapor a abóbora, por 35 minutos, ou até ficar macia.
2. Fatie uma cebola e doure em um pouco de azeite.
3. Junte a abóbora, o requeijão e a cebola no processador até virar um creme. Acrescente a salsa picada, mexa e reserve.
4. Na hora de servir, coloque o molho com ½ xícara de água em uma frigideira. Deixe aquecer bem.
5. Retire e coloque sobre um prato, acrescente o nhoque e sirva imediatamente.

Cozinha Modernista

ESFERAS DE QUEIJO COM PRESUNTO

100 g de requeijão cremoso
100 g de queijo gorgonzola
25 g de iogurte integral
Pimenta-do-reino

Banho

250 ml de água
2,5 g de alginato

1. Triture todos os ingredientes para as esferas e tempere a gosto com pimenta moída.
2. Bata a água com o alginato no liquidificador ou com o mixer.
3. Deixe descansar por 15 minutos ou até perder o ar e coloque em um recipiente baixo e com fundo plano.
4. Coloque porções do preparado de queijo em uma colher esférica e despeje perto da superfície do banho de alginato de modo a obter as esferas de queijo. Deixe essas esferas no banho cerca de 2 minutos (o tempo de permanência vai determinar a espessura da camada de gel no exterior).
5. Retire as esferas e passe-as na água. Sirva sobre uma fatia de presunto.

Alginato de sódio

ESFERAS DE CREME DE CONFEITEIRO

Banho

250 ml de água
2,5 g de alginato

Mistura do creme

500 ml de leite
120 g de açúcar
5 gotas de extrato de baunilha
4 gemas
24 g de amido de milho
20 g de farinha de trigo
4 g de lactato de cálcio

1. Para preparar o banho, bata a água com o alginato no liquidificador ou com o mixer. Deixe descansar por 15 minutos ou até perder o ar. Reserve em um recipiente.
2. Leve ao fogo 400 ml de leite com metade do açúcar e a baunilha, deixe até começar a ferver.
3. Em uma tigela, bata com o fouet as gemas, o restante do açúcar, o amido e a farinha. Adicione os 100 ml de leite e misture.
4. Acrescente um pouco do leite quente à mistura de gemas e mexa.
5. Adicione a mistura de gemas ao leite da panela e mexa sempre em fogo lento para que cozinhe e não forme grumos.
6. Quando engrossar, retire do fogo e cubra com um plástico, rente ao creme, para não formar película.
7. Deixe esfriar.
8. Acrescente ao creme o lactato de cálcio.
9. Coloque porções do preparado em uma colher esférica e despeje perto da superfície do banho de alginato de modo a obter esferas do creme. Deixe as esferas na solução cerca de 4 minutos (o tempo de permanência vai determinar a espessura da camada de gel no exterior).
10. Retire as esferas e passe-as na água. Sirva em um prato com folhas de massa folhada e açúcar fino.

Cozinha Modernista

ESFERAS DE BETERRABA

Mistura de beterraba

50 ml do líquido coado da conserva de beterraba (receita a seguir)

1 g de lactato de cálcio

0,3 g de goma xantana

Banho

250 ml de água

1,3 de alginato (0,5%)

1. Adicione 50 ml do líquido coado da conserva de beterraba ao lactato de cálcio e à goma xantana. Bata tudo com o mixer. Deixe repousar para perder bolhas de ar.
2. Bata a água com o alginato no liquidificador ou com o mixer.
3. Deixe repousar para perder bolhas de ar.
4. Corte a ponta de uma pipeta para que as esferas fiquem maiores, deixe cair a mistura da beterraba no alginato e aguarde o tempo necessário para que se formem esferas estáveis.
5. Retire as esferas e utilize.

Alginato de sódio

Peixe com espuma de coentro e esfera de beterraba. Receita cedida e apresentada no workshop Talentos 2013 (Senac RJ) pelo chef Osvaldo Gorski e pela dra. Paulina Mata, composta de filé de peixe, vegetais, espuma de coentro e esferas de beterraba.

Cozinha Modernista

CONSERVA DE BETERRABA

1 beterraba média crua
1 colher (chá) de raiz forte (wasabi em pó)
½ colher (sopa) de açúcar branco
20 ml de saquê Mirin
Sal

1. Descasque e rale a beterraba crua. Coloque-a em uma vasilha, acrescente a raiz forte (wasabi em pó), o açúcar branco e o saquê Mirin.
2. Tempere com sal.
3. Leve ao micro-ondas por 1 minuto e depois reserve na geladeira (de preferência, de um dia para o outro). Coe e utilize o líquido para fazer as esferas.

Alginato de sódio

Utilização de gelbúrguer para obter géis enformados

HAMBÚRGUER DE GORGONZOLA

Para cada hambúrguer

2,5 g de gelbúrguer Sosa (mistura de alginato e sais de cálcio de liberação lenta)

75 ml de leite

25 g de gorgonzola

1. Misture bem o gelbúrguer com o leite e bata com o mixer.
2. Adicione o queijo e bata de novo.
3. Quando estiver bem misturado, despeje em um recipiente redondo (por exemplo, uma placa de Petri), para ficar com o formato de um hambúrguer e deixe gelificar à temperatura ambiente por cerca de 1 hora.
4. Desenforme e grelhe, dos dois lados, em uma frigideira com um fio de azeite.

NOTA: Depois de grelhar, a textura fica mais firme.

Capítulo 11

Considerando o crescente número de pessoas com restrições alimentares, faz-se necessário o desenvolvimento de receitas que atendam a essa demanda, como já falamos.

Derivada de amido, a maltodextrina tem um sabor adocicado e é amplamente utilizada para transformar gorduras em pó. Oferece ainda uma textura intermediária, muito similar ao cream cheese, e com sabor bem agradável se for adicionada a líquidos aquosos. Assim, é possível servir um salmão defumado ou aspargos frescos, grelhados, em uma baguete, com um creme similar ao cream cheese, sem leite na composição.

Do mesmo modo, a textura obtida é semelhante à da maionese. O produto com essas características, preparado com maltodextrina, pode ser utilizado em várias preparações e é produzido sem ovos.

Características

- Obtida do amido de milho, da tapioca, do trigo, da batata ou do arroz.
- Sabor um pouco doce.
- Dissolve-se com facilidade em água.
- Tem a capacidade de absorver gorduras e transformá-las em pó.
- Quanto mais gordura for adicionada, mais pastosa fica a mistura.
- Ao contrário dos outros hidrocoloides mencionados, ela é assimilada pelo organismo. Por ser de fácil digestão, a maltodextrina é muito usada na alimentação de pessoas doentes e também por desportistas.

Como utilizar com matérias gordas

Misturá-la diretamente à gordura escolhida até chegar ao ponto desejado (pó ou pasta).

Concentração

Varia conforme a aplicação e o alimento utilizado.

Aplicações

- Gorduras em pó (exemplo: azeite, óleos, pastas de frutas secas, manteiga clarificada, foie gras, praliné).
- Molhos pastosos.

NOTA: Existem vários tipos de maltodextrina, resultantes do tamanho das cadeias obtidas do amido. A maltodextrina disponível para desportistas pode não ser adequada para as aplicações citadas neste trabalho. Para o trabalho proposto deve ser usada a que e comercializada no Brasil, de nome N-Zorbit.

	Maltodextrina
Descrição	Hidrato de carbono – Polissacarídeo
Origem	Por modificação de amidos (de trigo, de milho, de tapioca, de batata ou arroz)
Características	Sabor um pouco doce.
	Dissolve-se facilmente em água.
	Tem a capacidade de absorver gorduras e transformá-las em pó.
	Apresenta propriedades plásticas; quanto mais gordura for adicionada, mais pastosa fica a mistura.
Como utilizar	Misturar diretamente à gordura escolhida até chegar ao ponto desejado (pó ou pasta).
	Concentração: varia conforme a aplicação e o alimento utilizado.
Texturas	Gorduras em pó (exemplo: azeite, óleos, pastas de frutas secas, manteiga clarificada, foie gras, praliné).
	Molhos pastosos.

Maltodextrina

PÓ DE MANTEIGA NOISETTE*

225 g de manteiga sem sal
100 g de maltodextrina N-Zorbit
20 g de açúcar de confeiteiro
2,5 g de sal

1. Derreta a manteiga em fogo médio, mexendo sem parar. Quando começar a dourar, continue mexendo até a manteiga parar de crepitar.
2. Despeje imediatamente o conteúdo da panela quente em uma tigela fria.
3. Coloque a maltodextrina em um processador de alimentos; enquanto processa, adicione aos poucos a manteiga acastanhada (já fria).
4. Adicione o açúcar de confeiteiro e o sal, então processe.
5. A manteiga em pó está pronta para ser usada, mas pode ser armazenada no congelador por bastante tempo se for guardada a vácuo.

PÓ DE AZEITE

5 g de azeite extravirgem
6,7 g de maltodextrina N-Zorbit

1. Com o azeite em uma tigela, adicione, aos poucos, a maltodextrina e bata sem parar com um fouet.
2. Deve ficar um pó fino com aroma de azeite.

NOTA: A maltodextrina tem sabor um pouco adocicado e isso se nota no produto final.

* Adaptado do site Chefsteps(c), s.d.

Cozinha Modernista

PÓ DE CHOCOLATE

30 g de chocolate
10 g de maltodextrina N-Zorbit

Derreta o chocolate. Adicione a maltodextrina ao chocolate derretido e arrefecido, coloque tudo em um processador de alimentos e bata até formar um pó fino.

CREAM CHEESE DE AZEITE*

15 g de maltodextrina N-Zorbit

45 g de azeite de excelente qualidade (o sabor final depende da qualidade do azeite)

Sal

Ácido cítrico

1. Misture a maltodextrina com o azeite e uma pitada de sal e uma pitada de ácido cítrico.
2. Bata com um fouet.

* Pode ser feito com outro óleo comestível.

Maltodextrina

"MAIONEse" DE AZEITE SEM OVOS

8 g de maltodextrina N-Zorbit

40 g de azeite de excelente qualidade (o sabor final depende da qualidade do azeite)

Sal e pimenta

Misture o azeite com a maltodextrina e tempere.

NOTA: O azeite pode ser substituído por outro óleo.

Capítulo 12

Apesar de menos utilizada na cozinha modernista do que os outros hidrocoloides mencionados, a goma tara tem propriedades bastante interessantes e está disponível no Brasil para uso em cozinha, motivo pelo qual foi incluída neste livro.

Pertence a um grupo de hidrocoloides extraídos de plantas, denominado galactomananos, que inclui também a goma de sementes de alfarroba e a goma guar. Esses hidrocoloides são usados como espessantes na maioria das vezes, embora formem géis elásticos em conjunto com outros hidrocoloides, como a goma xantana. (FAO, s.d.)

A goma tara é extraída das sementes de um arbusto, *Caesalpinia spinosa*, mais conhecido por tara, que existe no Equador e Peru e ainda no Quênia.

É solúvel em água e insolúvel em álcool. Não tem sabor, então adota totalmente o sabor do produto que lhe é acrescentado. (FAO, s.d.)

A goma tara é usada para dar uma melhor consistência a molhos, sopas ou cremes, quentes ou frios, lacticínios e uma série de outros produtos. Quando adicionada a alimentos líquidos, propicia a obtenção de produtos que revestem a boca melhor e por mais tempo. Com viscosidade suave e agradável, possibilita uma melhor transferência de sabor. É compatível ainda com várias restrições alimentares por ser isenta de algumas substâncias, entre as quais o glúten. Assim, pode ser de grande utilidade, já que imita, de modo brilhante e até com vantagem em termos de sabor, texturas de receitas tradicionais obtidas com farinha de trigo. (Codex Alimentarius, 2014)

	Goma tara
Descrição	Hidrato de carbono – Polissacarídeo
Origem	Endosperma da semente da árvore *Caesalpinea spinosa*
Características	**Espessante e estabilizante**
	Solúvel ao frio, proporciona viscosidade máxima em sistemas aquosos, lácteos e em sistemas de baixa solidez.
	Conjuntamente com a goma xantana, faculta a formação de um gel elástico forte e termorreversível
Combinações	Goma xantana, carrageninas e ágar
Texturas	Atua como espessante, estabilizante, estabilizante e retém umidade.
Observações	Utilizado em:
	• produtos lácteos: sorvetes, bebidas lácteas, pós para shakes, sobremesas, preparados de frutas;
	• produtos de confeitaria: balas, bombons, confeitos etc.;
	• condimentos: ketchup, mostarda, temperos, molhos emulsionados, molhos não emulsionados;
	• produtos de panificação: pães, bolos, biscoitos.

CANJA TEXTURIZADA

Esta canja possibilita a apresentação moderna de uma receita tradicional, haja vista ter ganhado um pouco de textura em uma sopa transparente e que pode ser decorada com flores e brotos comestíveis, valorizando um prato comum. Ela foi criada para facilitar o consumo por pessoas idosas ou doentes que têm dificuldade em comer alimentos muito líquidos porque se engasgam, sem perda no sabor do alimento.

50 ml de canja de galinha, coada

0,5 g de goma tara (1%)

1. Misture com um fouet a goma tara com a canja fria. Deixe repousar por 2 minutos (para hidratar e ganhar consistência).
2. Esquente a 85 ºC e sirva.

Goma tara

ESFERAS ESPUMOSAS DE LEITE

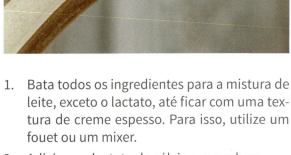

As esferas espumosas, de modo diferente das sólidas ou líquidas, envolvem a boca com uma textura cremosa e agradável; além disso, são interessantes para a realização de algumas preparações. Essas esferas ficam bem, por exemplo, em cima de um brownie ou como recheio de um macarron, apenas acrescentando à receita um pouco de cacau.

Mistura de leite

100 ml de leite integral (gordo)
2 g de goma tara (2%)
20 g de açúcar
1 g de lactato de cálcio

Banho

250 ml de água
2,5 g de alginato

1. Bata todos os ingredientes para a mistura de leite, exceto o lactato, até ficar com uma textura de creme espesso. Para isso, utilize um fouet ou um mixer.
2. Adicione o lactato de cálcio e mexa bem.
3. Bata a água com o alginato no liquidificador ou com o mixer.
4. Deixe descansar por 15 minutos ou até perder o ar e coloque em um recipiente baixo e com fundo plano.
5. Com uma colher pequena em forma de semiesfera, coloque, com cuidado, colheradas do creme no banho de alginato.
6. Retire as esferas "espumosas" do banho de alginato e utilize-as.

MOLHO BRANCO SEM FARINHA

50 ml de leite integral (gordo)
1 cebola descascada
1 cravo
1 folha de louro
1 g de goma tara (2%)
Sal e pimenta
Noz-moscada

1. Aqueça o leite com a cebola, cortada ao meio, o cravo e o louro por 5 minutos.
2. Deixe o leite esfriar e coe.
3. Misture a goma tara ao leite aromatizado com um fouet até ficar bem misturado.
4. Leve ao micro-ondas por 30 segundos.
5. Retire e tempere. Sirva sobre uma lasanha.

NOTA: Quando esfria, esse molho tem o mesmo comportamento de um molho branco tradicional (feito com farinha de trigo e manteiga), ou seja, endurece um pouco, mas basta aquecê-lo para recuperar sua maciez. Apresenta ainda a vantagem de não conter farinha de trigo (isento de glúten) nem gordura adicionada.

Goma tara

Capítulo 13

Manuseio manual   Na batedeira

O nitrogênio, de símbolo N, é um elemento químico encontrado principalmente na atmosfera. Ele representa, em volume, 78% do ar que respiramos. O nitrogênio sob a forma gasosa (N2) é inerte, inodoro e incolor, portanto um gás que não mantém a vida. Lavoisier referia-se a ele como azoto (ázoe), cujo significado é "sem vida".

Por destilação do ar líquido obtém-se nitrogênio no estado líquido (assim como oxigênio e argon). O nitrogênio em fase líquida apresenta uma temperatura de -196 °C à pressão atmosférica.

Princípios básicos de congelamento

Desde os tempos mais remotos, o homem sentiu a necessidade de preservar os alimentos para utilizá-los em épocas de dificuldades ou escassez, para melhor programar a produção e para proporcionar transportes mais ou menos prolongados.

Com o desenvolvimento tecnológico e industrial, uma das técnicas de conservação que maior importância assumiu foi o ultracongelamento, o qual utilizava gases liquefeitos como o nitrogênio líquido. A água é o principal componente na maioria dos alimentos e participa de todas as transformações que neles possam suceder. Ao congelar um produto estamos isolando a água sob a forma de cristais de gelo, dificultando sua participação nas reações químicas e/ou bioquímicas e inibindo a atividade dos microrganismos.

Determina-se o crescimento dos cristais de água pela rapidez de remoção do calor e pela faixa de temperatura de congelamento. Se o arrefecimento é lento, criam-se grandes cristais de gelo. Se o arrefecimento é muito rápido, não há tempo para que os cristais inicialmente formados cresçam e criam-se muitos microcristais.

Quando se congela um produto alimentar, pode acontecer de os cristais crescerem muito, romperem as paredes celulares e destruírem a estrutura das células, prejudicando aspectos de textura, motivando perda de água (cerca de 5% em peso) e perda de valor nutritivo após o descongelamento (foto).

CÉLULAS DE GAMBAS

Frescas

Ultracongeladas com azoto líquido

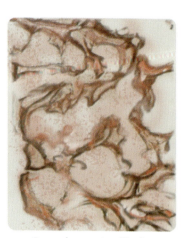

Congelamento clássico

Influência do processo de congelamento nas características dos alimentos congelados.
Gambas: Camarões

O nitrogênio líquido é responsável por abaixar a temperatura do produto com muita rapidez, o que favorece a formação de cristais de gelo muito pequenos, não de maiores dimensões. A formação de cristais de pequenas dimensões pelo rápido abaixamento da temperatura (entre 0 °C e -5 °C) evita o rompimento das paredes celulares e, em consequência, o grande deslocamento de água e de nutrientes de dentro para fora das células no congelamento e após o descongelamento.

Aplicações do nitrogênio líquido na cozinha

O nitrogênio líquido possibilita fazer sorvetes com características organolépticas em poucos minutos e na presença dos clientes de um restaurante. O processo tem características lúdicas graças à "nuvem" que se cria em torno do recipiente, mas os sorvetes são apenas uma entre múltiplas aplicações do nitrogênio líquido na cozinha.

Nitrogênio líquido ou azoto

Outra aplicação muito divulgada é uma espuma sólida de chá verde, limão verde e vodca, desenvolvida pelo chef Heston Blumenthal para limpar e refrescar a boca, assim como estimular as papilas gustativas dos clientes antes de degustarem seus pratos. Nessa preparação a espuma é "frita" a frio em nitrogênio líquido, obtendo-se algo semelhante a um merengue muito leve, pouco doce e que logo desaparece na boca, deixando os aromas já citados. Essa preparação proporciona ainda uma boa surpresa visual e tática ao consumidor. (Fasano, 2011)

A obtenção de espumas sólidas, que fazem uso do nitrogênio líquido, tem sido explorada por diversos chefs. Já se demonstrou, porém, que o processo não funciona particularmente bem no caso de espumas com alto conteúdo de gordura.

Segurança com nitrogênio líquido

É, no entanto, fundamental que se adotem medidas de segurança adequadas ao usar nitrogênio líquido, em específico: guardar e transportar o nitrogênio líquido em recipientes apropriados (foto) e que não sejam abertos nem hermeticamente fechados; armazená-lo em locais bem ventilados; proteger-se para evitar queimaduras, de preferência usando luvas de proteção isolantes e sapatos fechados; proteger os olhos com óculos de segurança (em particular quando se manuseiam quantidades maiores de nitrogênio líquido); e não provar preparados muito frios.

	Nitrogênio líquido ou azoto
Propriedades	Não inflamável.
	Não tóxico.
	Não corrosivo.
	Incolor.
	Inodoro.
	À baixa temperatura, é mais denso que o ar.
Riscos com o produto	O nitrogênio líquido ou os seus vapores provocam queimaduras pelo frio quando em contato com a pele.
	Deve se usar proteção para os olhos, sapatos fechados e luvas apropriadas quando trabalhar com ele.
	1 litro de nitrogênio líquido originará 680 litros de gás à temperatura ambiente.
	Se o nitrogênio líquido for colocado em um recipiente fechado, a pressão pode atingir, por aquecimento, cerca de 700 bar e causar explosão.
	NUNCA colocar nitrogênio líquido em recipientes que fechem hermeticamente. Usar sempre recipientes apropriados.
	Se o recipiente com nitrogênio líquido for guardado em um espaço muito pequeno e pouco arejado, há perigo de, ao passar para o estado gasoso e sendo mais denso que o ar, acarretar deslocamento de ar e risco de asfixia para quem penetrar no local. Guardar sempre os potes de nitrogênio líquido em espaços grandes e arejados.
Em caso de incidentes ou acidentes	**Em caso de projeção de nitrogênio líquido**
	Para os olhos:
	Lavar os olhos com água abundante por pelo menos 15 minutos.
	Para a pele
	Não esfregar.
	Desapertar ou arrancar a roupa se necessário.
	Descongelar as partes afetadas com aquecimento progressivo, de preferência com água morna ou por contato com uma parte quente do corpo.
	Aplicar uma fita adesiva, de preferência esterilizada.
	Em qualquer dos casos, chamar um médico.
	Em caso de fuga
	Arejar devidamente a zona.
	Evacuar o local.
	Em caso de asfixia
	Remover a vítima do local o mais rápido possível e colocá-la em uma atmosfera normal.
	Em caso de paragem respiratória, aplicar respiração artificial.
	Se necessário, administrar oxigênio até a chegada do médico.

Nitrogênio líquido ou azoto

SORVETE COM NITROGÊNIO LÍQUIDO

1 frasco médio de geleia de morango ou de outro sabor

2 iogurtes naturais

200 ml de creme de leite

1. Misture os ingredientes.
2. Recorde as regras de segurança para manusear o nitrogênio líquido. Prepare um recipiente com nitrogênio líquido – mais ou menos o mesmo volume da mistura do sorvete.
3. Prepare uma tigela com capacidade pelo menos quatro vezes maior que o volume de sorvete (para evitar a saída de salpicos quando se adiciona o nitrogênio) e que resista ao abaixamento de temperatura (pode usar metal e alguns plásticos, mas não vidro ou cerâmica, pois estes podem partir-se). Para mexer, use uma colher de madeira (melhor do que de metal). Caso use de metal, proteja bem as mãos pois a tigela e/ou a colher podem ficar demasiado frios.
4. Pouse a tigela sobre uma superfície estável, para o sorvete não entornar, e isolante, para se proteger do frio.
5. Despeje a mistura do sorvete na tigela, junte um pouco de nitrogênio líquido e mexa bem com a colher de pau. O nitrogênio vai ferver com vigor, produzindo gás, e vai formar-se uma nuvem esbranquiçada sobre a tigela (vapor de água condensado do ar) que impede de ver o conteúdo. Continue a adicionar nitrogênio em quantidades pequenas e a mexer até sentir que o sorvete tem a consistência desejada.
6. Não tome o sorvete de imediato, deixe a temperatura subir um pouco.

NOTA 1: As pessoas que estão assistindo à preparação do sorvete devem ficar afastadas o suficiente para não serem atingidas pelos salpicos de nitrogênio líquido.

NOTA 2: As pessoas que fazem a preparação do sorvete devem estar equipadas com óculos de laboratório, luvas adequadas e com o devido uniforme, para não serem atingidas pelos salpicos de nitrogênio líquido.

NOTA 3: Essa preparação pode ser feita em uma batedeira.

Capítulo 14

Atualmente, é possível comprar filmes comestíveis (*edible films* ou obulatos) feitos de amido, transparentes, sem cheiro e sabor, encontrados em várias formas (por exemplo, redondos e quadrados). Recomenda-se utilizar esses filmes com cuidado por serem muito finos e por terem baixa resistência à umidade direta, o que os faz amolecerem e dissolverem.

É possível recheá-los com produtos à base de gordura ou secos, doces ou salgados, uma vez que podem ser vedados com as seladoras comuns, usadas para fechar sacos de plástico.

Eles podem ser consumidos in natura (textura maleável), assados no forno (textura crocante) ou no desidratador, como mostram as receitas a seguir.

São utilizados na alta gastronomia como raviólis transparentes, ou com cores, e em outras aplicações que surpreendem no visual e no paladar.

Em resumo, os filmes comestíveis podem ser caracterizados assim:

- existem sob a forma de lâminas finíssimas, translúcidas e sem gosto nem aroma ou coloridos;
- são solúveis em água, desaparecendo completamente;
- conservam-se em meios oleosos ou com matérias secas;
- obtidos do amido (fécula de batata, por exemplo);
- origem – Japão (usado para envolver medicamentos);
- introduzido na gastronomia por Ferran Adrià.

Isomalte

Isomalte é um açúcar modificado, produzido da sacarose – o açúcar de mesa – e transformado por processos químicos. Tem propriedades diferentes da sacarose, sobretudo um índice calórico menor, pois só parte é degradada pelo organismo; é menos higroscópico (absorve pouca água) e não carameliza. Formam-se soluções viscosas, que solidificam ao arrefecer mas não são coradas (contudo, podem ser-lhe adicionados corantes).

A sensação na boca é de um açúcar menos doce. Deve ser consumido com moderação (menos de 50 g por dia), visto que o organismo não o absorve por inteiro e, como tal, ele pode ter propriedades laxantes.

Em cozinha e, mais ainda, em pastelaria, a vantagem do uso desse açúcar que derrete a 180 °C e é pouco higroscópico é a de ser trabalhado e produzir caramelos mais estáveis, mais duros e incolores (podendo, no entanto, ser corados com corantes próprios para açúcar). Desse modo, é possível produzir com auxílio de várias técnicas "corais", "meteoritos" com recheios líquidos ou autênticas peças de joalheria. Uma joia feita com isomalte pode ser armazenada por semanas.

CRISTAL DE MOLHO DE SOJA* (SHOYU)

3 folhas filme comestível
20 ml de molho de soja
Gergelim

1. Deposite uma folha de filme comestível em um Silpat® ou tapete de silicone.
2. Borrife o molho de soja com um spray.
3. Deposite outra folha em cima, perfeitamente sobreposta, e borrife outra vez o molho de soja.
4. Repita o processo, completando três camadas, e finalize com o molho de soja, depois acrescente o gergelim.
5. Leve ao desidratador a 52 °C por 12 horas.
6. Retire com cuidado do tapete antiaderente.

* Adaptado de Molecular Recipes, 2013.

Filmes comestíveis

FILME COMESTÍVEL COM MOLHO DE SOJA NO FORNO

1 folha filme comestível
5 ml de molho de soja

1. Deposite uma folha de filme comestível em um Silpat® ou tapete de silicone.
2. Borrife com spray o molho de soja.
3. Leve ao forno, a 100 °C, por 5 minutos ou até ganhar coloração acastanhada.
4. Retire-o com cuidado do tapete antiaderente.

Cozinha Modernista

MILFOLHAS DE FRUTAS

Azeite (para untar Silpat®)
4 folhas de filmes comestíveis (1 porção)
7 gr de isomalte (aproximadamente)
Manga
Açúcar fino
10 g de presunto desidratado

1. Unte um Silpat® ou tapete de silicone com algumas gotas de azeite. Retire o excesso com papel-toalha.
2. Coloque uma folha de filme comestível sobre o silicone.
3. Espalhe cerca de 6 a 7 gramas de isomalte – o suficiente para cobrir quase toda a superfície do filme, exceto uma borda de cerca de ½ centímetro, para evitar que o isomalte escorra para fora do filme.
4. Sobreponha outra folha de filme sobre o isomalte.
5. Leve ao forno a 100 °C.
6. Aos primeiros 5 minutos o isomalte inicia o processo de derretimento. Aos 10 minutos ele derrete por completo e fica levemente dourado. A essa altura, retire do forno.
7. Aguarde o resfriamento do produto. O filme fica duro mas frágil, portanto deve ser manuseado com cuidado.

Filmes comestíveis

Montagem do mil-folhas

1. Peneire açúcar fino em uma superfície (tábua).
2. Adicione uma camada de manga picada em pequenos cubos.
3. Coloque uma nova camada de filme com isomalte sobre a manga. Repita o processo até ter três camadas de filme e, por fim, cubra-o com presunto desidratado.

NOTA: Deve ser preparado imediatamente antes de servir. Ao fim de alguns minutos a parte das folhas em contato com a manga começa a dissolver-se. A crocância se mantém mais tempo apenas nas bordas.

BALA DE SAGU ENVOLVIDA EM FILME COMESTÍVEL

½ xícara de sagu

Água

1 ½ xícara de suco de abacaxi

½ xícara de açúcar

1. Hidrate por 1 hora o sagu em 1 xícara de água fria.
2. Escorra o sagu e reserve.
3. Em uma panela, leve ao fogo o suco de abacaxi, o açúcar e ½ xícara de água. Deixe ferver.
4. Acrescente o sagu à panela e deixe cozinhar, no fogo, até obter uma goma com pequenas esferas transparentes.
5. Passe por uma peneira e separe a goma do sagu (o que passa pela peneira) em um recipiente à parte. (Essa goma pode ser utilizada em outras preparações, como um sorvete de goma de sagu.)
6. Coloque o sagu (as bolinhas com um pouco de goma) que ficou na peneira em fôrmas para gelo (de preferência em forma de semiesferas) e leve ao congelador até ficar congelado. Esse pré-congelamento é necessário para dar forma às balas.
7. No dia seguinte, preaqueça o forno a 175 °C por 10 minutos.
8. Coloque as bolas de sagu congeladas sobre um tapete de silicone e leve ao forno por 50 minutos.
9. Vá virando as bolas de 10 em 10 minutos para que fiquem secas de todos os lados.
10. Envolva-as em filmes comestíveis e sirva.

Filmes comestíveis

FILME COMESTÍVEL COM NUTELLA® OU DOCES BRASILEIROS

Nutella® ou doce de banana ou doce de leite ou doce de abóbora ou goiabada

1. Coloque uma colher de café de Nutella® ou outro doce dentro de cada filme.
2. Feche os filmes com uma seladora comum.
3. Sirva com um cafezinho.

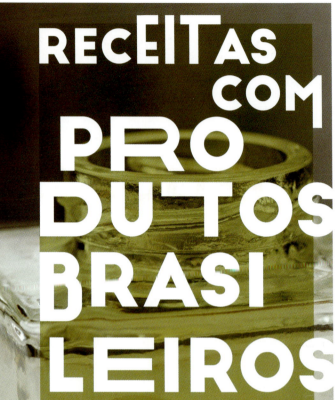

RECEITAS COM PRODUTOS BRASILEIROS

Capítulo 15

Feijoada Contemporânea
com Ketpepper e Caipijuba de Laranja

Feijão

1 kg de feijão preto

500 g de costela de porco defumada

400 g de bacon

800 g de carne-seca

Coentro

1 maço (molho) de couve portuguesa

1 folha de louro

Azeite

Óleo

1 cebola

2 dentes de alho

Sal

Pimenta-preta

Flocos de arroz para decorar

Cozinha Modernista

1. Dessalgue a carne-seca no dia anterior, deixando-a de molho em água.
2. Cozinhe a carne em uma panela de pressão com água e uma cebola inteira. Escorra e deixe esfriar.
3. Desfie a carne e frite em óleo quente. Escorra em papel absorvente e reserve para a decoração.
4. Corte em pedaços o bacon e a costela defumada. Frite as carnes com um pouco de azeite e a folha de louro. Espere dourar um pouco. Acrescente a água e o feijão. Deixe cozinhar até o feijão ficar macio.
5. Quando o feijão estiver cozido, bata uma parte no processador. Junte o processado à outra parte do feijão, com caroços.
6. Desfie a carne.
7. Tempere com alho, previamente dourado no azeite, sal e pimenta. Acrescente o coentro.
8. Salteie a couve, cortada em pedaços finos, no azeite e alho.
9. Prepare o ketpepper e a caipijuba, como descrito a seguir.
10. Sirva em uma taça com pé. Coloque no fundo da taça a mistura do feijão e decore a gosto com a pimenta, a couve, a carne-seca, os flocos de arroz, o ketpepper e a caipijuba de laranja.

Ketpepper

4 pimentas dedo-de-moça

250 ml de cachaça

3 g de goma xantana

2 cápsulas de sifão de soda

1. Coloque, em uma garrafa de sifão, a cachaça com a pimenta sem sementes. Introduza o gás carbônico (as duas cápsulas de soda) e espere 30 minutos. Retire e coe.
2. Misture a goma xantana e o líquido coado com o mixer. Reserve.

Receitas com produtos brasileiros

Caipijuba de laranja

60 g de açúcar

4,5 g de ágar

120 ml de suco de laranja comercial

300 ml de vodca ou cachaça

1. Leve o suco, o açúcar e o ágar ao micro-ondas até a mistura levantar fervura três vezes.
2. Acrescente a vodca, misture e despeje em uma fôrma baixa, tipo um tabuleiro. Deixe arrefecer até solidificar.
3. Corte no formato que desejar.

Cozinha Modernista

CAIPIVODCA DE LICHIA (ESFERIFICAÇÃO INVERSA)

230 g de lichia de lata
100 ml da calda da lata
3,5 g de lactato de cálcio
1 g de goma xantana

Banho

300 ml de água
1,5 g de alginato

Banho para conservar

300 ml de vodca
10 g de açúcar

1. Bata no liquidificador a lichia com a calda da lata. Coe e fique com 275 ml dessa mistura.
2. Acrescente o lactato de cálcio e misture. Adicione a goma xantana e bata com o mixer.
3. Reserve a mistura até perder as bolhas. Com uma seringa, preencha as semiesferas de uma fôrma de silicone e congele.
4. Bata a água com o alginato no liquidificador ou com o mixer.
5. Deixe descansar por 15 minutos ou até perder o ar.
6. Despeje em um recipiente plano e baixo o banho de água com alginato.
7. Retire as esferas de suco da fôrma de silicone e coloque-as no banho com alginato, tomando cuidado para que não encostem uma na outra. Deixe-as no banho por 2 a 3 minutos.
8. Retire com uma colher, passe por água e coloque-as em um recipiente com a vodca e o açúcar.
9. Depois de 24 horas, as esferas absorvem o sabor da vodca.
10. As esferas têm durabilidade de três a cinco dias na geladeira.

NOTA: Se não quiser congelar, pode usar uma colher em forma de semiesfera para despejar colheradas da mistura no banho e proceder da mesma maneira em todo o resto.

CONSIDERAÇÕES FINAIS

Nas últimas duas décadas ocorreram grandes transformações no mundo da cozinha, entre as quais a introdução de uma variedade de novas técnicas, ingredientes e equipamentos. Acima de tudo, porém, deu-se a tomada de consciência, por parte dos chefs, de que a evolução na cozinha só é possível com a interação e o aprofundamento de conhecimentos diversos. Essa importante contribuição de outras áreas abrange vários ramos da ciência e tecnologia, como das artes, transformando totalmente a realidade de restaurantes e cozinhas domésticas.

A utilização dos novos ingredientes e técnicas requer competências, metodologias de trabalho e, em particular, conhecimentos especializados diferentes dos necessários na culinária tradicional. Além disso, em um período – até certo ponto curto – surgiu uma grande variedade de novos produtos com diferentes propriedades. Uma vez que o conhecimento sobre esses produtos e técnicas ainda não foi suficientemente traduzido em regras práticas, úteis aos profissionais da área de gastronomia, acabam surgindo algumas dificuldades. Fazer escolhas fundamentadas de ingredientes e técnicas, bem como estabelecer as melhores condições para cada aplicação específica pode ser bastante demorado e às vezes frustrante, e os resultados por vezes não têm a qualidade pretendida. Isso tem sido a causa de algumas decepções e atitudes negativas com relação às novas técnicas.

Como tudo o que é novo provoca desconfiança, a cozinha modernista não foi exceção. Transmitiu-se a ideia de que a sinergia entre cozinha e ciência servia apenas para a introdução maciça de aditivos alimentares na alta gastronomia e, assim, teria efeitos negativos na saúde. Com isso, muitos chefs divulgaram, como parte de seu trabalho, a utilização de ingredientes orgânicos e regionais, a fim de pregar ideologia e construir uma boa imagem, com a consequente recusa de ingredientes e técnicas que eles desconhecem.

O que nos estimulou a desenvolver o projeto que levou à elaboração deste trabalho foi a necessidade de estudar e transmitir uma informação mais coerente aos estudantes e profissionais da área de gastronomia.

Cursos que relacionam a ciência à gastronomia e que tratam das novas técnicas de cozinha são ministrados em alguns países como Estados Unidos, Holanda, Dinamarca, Portugal e Irlanda, mas muito timidamente e sem aprofundamento no Brasil. Na formação de profissionais da área de gastronomia ainda são muito raros os cursos em que essas novas técnicas são introduzidas e, até onde sabemos, não há aprofundamento em escolas de gastronomia no Brasil.

No desenvolvimento do livro – que se inicia com uma abordagem geral da história da gastronomia, de modo a contextualizar os movimentos gastronômicos recentes –, tivemos a preocupação de cobrir uma vasta gama de equipamentos e técnicas para nossos leitores serem informados das suas características. O livro tem, portanto, uma componente teórica e uma componente prática. Para esta foi desenvolvida uma variedade de trabalhos com o objetivo de demonstrar as potencialidades das técnicas e, sobretudo, sua aplicação não apenas na alta gastronomia mas no desenvolvimento de propostas compatíveis com certas restrições alimentares. Pretendeu-se, com essa abordagem, sensibilizar e conscientizar os leitores para seu uso ser uma contribuição para todos e um meio de atender as novas demandas do mercado, sem se restringir a uma cozinha mais elitista.

Em uma época na qual se verifica uma grande dinâmica no que diz respeito à gastronomia e uma tomada de consciência da importância que ela pode desempenhar em âmbito econômico e social no Brasil, acreditamos que este trabalho seja uma contribuição muito relevante.

Considerações finais

RECEITAS

DESENVOLVIDAS PARA O LIVRO

1. Água de cogumelos-de-paris
2. Carpaccio de melancia temperada
3. Purê de couve-roxa
4. Sorbet de morango
5. Sorvete de iogurte e fruta
6. Folhas crocantes de suco de laranja
7. Salada de frutas alcoólica
8. Coquetel com espuma de limão
9. Ar de limão verde
10. Pipocas liquefeitas de Grant Achat
11. Espuma de caramelo
12. Espuma de chocolate (chocolate chantili de Hervé This)
13. Gelatinas de azeite

Receitas desenvolvidas para o livro – equipamentos ou técnicas utilizados

14 Ar de coentro
15 Chantili de pimenta
16 Ar de cassis
17 Espuma de piña colada no sifão
18 Ketvodca
19 Ketcachaça
20 "Maionese" de salmão
21 Cappuccino bicolor
22 Espuma de leite de coco de longa duração
23 Espuma de leite de soja
24 Espuma de leite com açúcar de longa duração
25 "Maionese" de tomate
26 "Maionese" de manjericão e limão
27 Noodles de leite de coco
28 Folhas de celofane de frutas
29 Folhas de presunto
30 Aparas de lápis fingidas de chouriço
31 Nhoque de gorgonzola
32 Cubos de vinho do Porto
33 Espaguete de suco de uva
34 Geleia de vinho do Porto
35 Açafrão de molho teriyaki
36 Balinhas de caqui
37 Espaguete de molho de tomate
38 "Gelatinas" de limão com cenoura ou tomate
39 Caviar de vodca
40 Caviar de coentro
41 Esferas de suco de abacaxi
42 Esferas de xarope de groselha no refrigerante

Cozinha Modernista

43 Esferas de azeite
44 Flores líquidas de licor de menta
45 Esferas de laranja com vodca
46 Esferas de iogurte
47 Esferas de cream cheese de kefir
48 Nhoque de queijo com iogurte
49 Esferas de queijo com presunto
50 Esferas de creme de confeiteiro
51 Esferas de beterraba
52 Conserva de beterraba
53 Hambúrguer de gorgonzola
54 Pó de manteiga noisette
55 Pó de azeite
56 Pó de chocolate
57 Cream cheese de azeite
58 "Maionese" de azeite sem ovos
59 Canja texturizada
60 Esferas espumosas de leite
61 Molho branco sem farinha
62 Sorvete com nitrogênio líquido
63 Cristal de molho de soja (shoyu)
64 Filme cosmestível com molho de soja no forno
65 Mil-folhas de frutas
66 Bala de sagu envolvida em filme comestível
67 Filme comestível com Nutella® ou doces brasileiros
68 Feijoada contemporânea com ketpepper e caipijuba de laranja
69 Caipivodca de lichia

Receitas desenvolvidas para o livro – equipamentos ou técnicas utilizados

As receitas desenvolvidas para este livro foram apresentadas em cursos e sessões de *show cooking* no Brasil, relatados e apresentados com mais detalhe nos anexos. Isso possibilitou testar sua aceitação e melhorá-las.

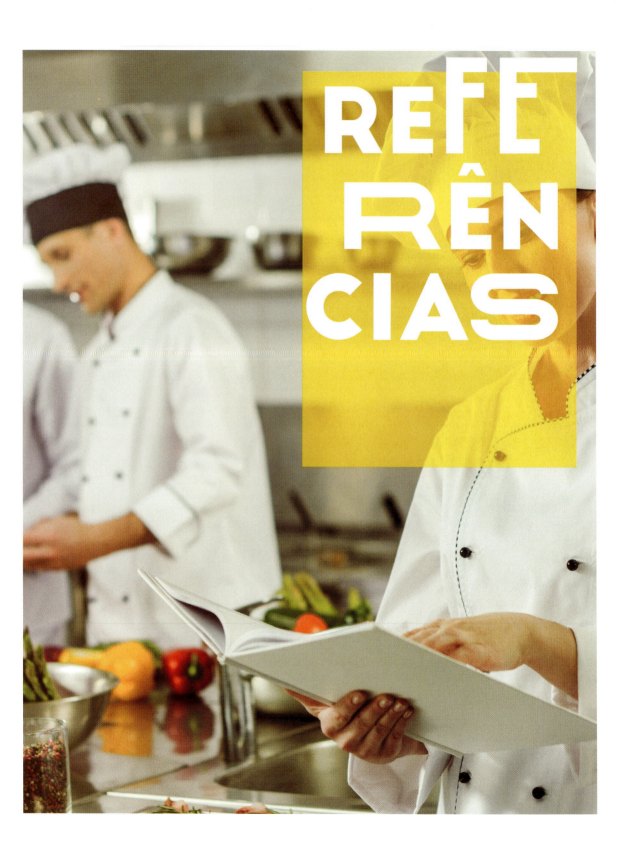

AgroParisTech (s.d.). http://www.agroparistech.fr/Cours-de-gastronomie-moleculaire.html. Consultado em 3.3.2014.

Alliday, Evelyn G.; Noble, Isabel T. "Food chemistry and cookery". University of Chicago Press, Chicago, 1943. Versão digital disponível em http://chla.library.cornell.edu/cgi/t/text/pageviewer-idx?c=chla;cc=chla;idno=3108333. Consultado em 2.2.2014.

Amat, Jean-Marie; Vincent, Jean-Didier. *Por uma nova fisiologia do gosto*. São Paulo: Editora Senac São Paulo, 2006.

Atala, Alex. *D.O.M.: rediscovering Brazilian ingredients*. Nova York: Phaidon Press, 2013.

Barham, Peter. *The science of cooking*. Nova York: Springer, 2001.

Bibliothèque Municipale de Dijon. "Hors Ligne". nº 35, p. 15-16. Disponível em http://www.bm-dijon.fr/opacwebaloes/images/paragraphes/pdf/BD_HorsLigne35.pdf. Consultado em 4.3.2014.

Bobbio, Paulo A.; Bobbio, Florinda O. *Química do processamento de alimentos* (2ª ed.). São Paulo: Varela, 1995.

Bras, Michel. (s.d.). "Gargouillou de jeunes légumes". Disponível em http://www.bras.fr/site_blanc/pdf/gargouillou.pdf. Consultado em 2.3.2014.

Bras, Michel. (s.d.). "Le biscuit de chocolat coulant". Disponível em http://www.bras.fr/site_blanc/pdf/coulant.pdf. Consultado em 2.3.2014.

Brillat-Savarin, Jean Anthelme. *A fisiologia do gosto*. São Paulo: Companhia das Letras, 1995.

Cadet de Vaux, Antoine-Alexis. *De la gélatine des os et de son bouillon...* Paris: Chez L. Colas Fils, 1818. Versão digital disponível em http://hdl.handle.net/2027/wu.89097693956. Consultado em 24.2.2014.

Carême, Marie Antonin. *Le cuisinier parisien ou l'art de la cuisine française au dix-neuvième siècle.* (2ª ed.). Paris: Éditeur Bossange père, 1828. Versão digital disponível em http://gallica.bnf.fr/ark:/12148/btv1b86172102. Consultado em 24.2.2014.

Cascudo, Luís C. *História da alimentação no Brasil* (3ª ed.). São Paulo: Global Editora, 2004.

Cassi, Davide. "Science and cooking: the era of molecular cuisine". European Molecular Biology Organization (EMBO) Reports, v. 12, n. 13, 2011.

ChefsSteps (s.d.) http://www.chefsteps.com/activities/red-cabbage-puree. Consultado em 1.3.2014.

ChefsSteps (s.d.) http://www.chefsteps.com/activities/lemon-foam. Consultado em 10.3.2014.

ChefsSteps (s.d.) http://www.chefsteps.com/activities/brown-butter-powder?token=odzwbxMecckh-gr7-xB1YNw. Consultado em 27.12.2013.

Chelminski, Rudolph. *O perfeccionista*. Rio de Janeiro: Record, 2007.

Codex Alimentarius, 2014. http://www.codexalimentarius.org. Consultado em 9.3.2014.

Critical Reviews in Food Science and Nutrition. "Alginate as a source of dietary fiber". Taylor and Francis Inc., 2005.

Cuaderno Apicius nº 9. (b). "Periodos, movimientos, vanguardias y estilos del siglo XX y XXI de la alta cocina en Occidente", Pau Arenós. Montagud Editores, 2007.

Cuadernos Apicius. La Cocina Tecnoemocional. (a). (s.d.). "¿Qué es?" Disponível em http://www.apicius.es/articulos/la-cocina-tecnoemocional-que-es/. Consultado em 4.3.2014.

Cuisine Technology (s.d.). https://www.cuisinetechnology.com/the-smoking-gun.php. Consultado em 10.3.2014

Dacosta, Quique, 2013. http://www.quiquedacosta.es/ES/inicio. Consultado em 8.1.2014.

D'Arcet, Jean Pierre J. *Instruction sur les précautions à prendre pour bien conduire l'appareil servant à extraire la gélatine des os de la viande de boucherie.* Paris. p. 82, 1829. Versão digital disponível em: http://gallica.bnf.fr/ark:/12148/bpt6k917349. Consultado em 24.2.2014.

D'Arcet, Jean Pierre J. *Mémoire sur les os provenant de la viande de boucherie...* Éditeur Gaultier-Laguionie, Paris. Versão digital disponível em http://gallica.bnf.fr/ark:/12148/bpt6k28500p. Consultado em 24.2.2014.

D.O.M (s.d). "Perfil do chef". Disponível em http://domrestaurante.com.br/pt-br/alex.html. Consultado em 4.3.2014.

Dória, Carlos Alberto. "Nascimento da gastronomia molecular". A Ciência na Cozinha 1. *Revista Scientific American Brasil*. São Paulo: Ediouro, vol. 1, 2007.

E-Boca Livre (s.d.). "Lições de cozinha de Ferran Adrià e Roberta Sudbrack". Disponível em: http://ebocalivre.blogspot.com.br/2014/01/licoes-de-cozinha-de-ferran-adria-e.html. Consultado em 4.3.2014.

Edx, 2013. https://www.edx.org/course/harvard-university/spu27x/science-cooking-haute-cuisine/639. Consultado em 5.1.2014.

Referências

elBulli. (a) Catálogo General, 1983-2005. Fotos:

"Aceitunas verdes sféricas-I". Disponível em http://www.elbulli.com/catalogo/catalogo/anyo_familia.php?lang=es&id_familia=2&anyo=2005&id=1095. Consultado em 2.3.2014.

"Caviar sférico de melón". Disponível em http://www.elbulli.com/catalogo/catalogo/anyo_familia.php?lang=es&id_familia=4&anyo=2003&id=873. Consultado em 2.3.2014.

"Espuma de judías blancas con erizos: la primera espuma". Disponível em http://www.elbulli.com/catalogo/catalogo/anyo_familia.php?lang=es&id_familia=5&anyo=1994&id=240. Consultado em 2.3.2014.

"La menestra de verduras en texturas". Disponível em http://www.elbulli.com/catalogo/catalogo/anyo_familia.php?lang=es&id_familia=6&anyo=1994&id=247. Consultado em 2.3.2014.

"Papel de melocotón 'tramontana'". Disponível em http://www.elbulli.com/catalogo/catalogo/anyo.php?lang=es&anyo=2005&id=1098. Consultado em 2.3.2014.

"Parrillada de verduras al aceite de carbón". Disponível em http://www.elbulli.com/catalogo/catalogo/anyo.php?lang=es&anyo=2001&id=778. Consultado em 2.3.2014.

elBulli (b). "Cronologia". Disponível em http://www.elbulli.com/videos/cronologia/preindex.php?lang=es. Consultado em 3.3.2014.

elBulli (c). Premios y distinciones. http://www.elbulli.com/premios/index.php?lang=es. Consultado em 5.1.2014.

elBulli Taller, Alícia. *Léxico científico-gastronômico*. São Paulo: Editora Senac São Paulo, 2008.

Escoffier, A. *Le guide culinaire*. Paris: Editions Flammarion, 2001.

Estadão (s.d.). blogs.estadao.com.br. Consultado em 12.3.2014.

FAO (a). Tara Gum (s.d.). http://www.fao.org/ag/agn/jecfa-additives/specs/Monograph1/Additive-455.pdf. Consultado em 3.3.2014.

FAO (b). "Who Food Standards". Codex Alimentarius. http://www.codexalimentarius.net/gsfaonline/additives/details.html?id=17. Consultado em 11.3.2014.

Farber, Jeffrey M.; Dodds, Karen. *Principles of modified-atmosphere and sous vide product packaging*. Technomic Publishing Company, Lancaster, 1995.

Fasano, Rogério, 2011. http://riodejaneiroadezembro.wordpress.com. Consultado em 11.3.2014.

Fernández-Armesto, Felipe. *Comida: uma história*. Rio de Janeiro: Record, 2004.

Ferran, Adrià. *Las espumas. técnica, tipos y usos*. Barcelona: International Cooking Concepts, 2004.

Flandrin, Jean-Louis (org.); Montanari, Massimo (org.); Machado, Luciano V. (tradução); Teixeira, Guilherme J. F. (tradução) *História da alimentação* (5ª ed). São Paulo: Estação Liberdade, 2007.

France, Benôit; Vitaux, Jean. *Dictionnaire du gastronome* (1ª ed.). Paris: Presses Universitaires de France (PUF), 2008.

Freire, Renato. *A mágica na cozinha: curiosidades, truques e fingimentos da gastronomia*. Rio de Janeiro: Editora Senac Nacional, 2011.

Freixa, Dolores; Chaves, Guta. *Gastronomia no Brasil e no mundo*. Rio de Janeiro: Editora Senac Nacional, 2008.

Freyre, Gilberto. *À mesa com Gilberto Freyre*. Rio de Janeiro: Editora Senac Nacional, 2004.

Gault et Millau (s.d.). "Découvreur de talents depuis 40 ans". Disponível em http://www.gault-millau.fr/annexe/historique. Consultado em 5.3.2014.

Gelita Improving Quality of Life (2014). http://www.gelita.com/pt/solu-es-produtos/proprieda-des-viscoel-sticas. Consultado em 8.1.2014.

Germinados (s.d.). http://germinadosencasa.com/secciones/freshlife/descripcion.html. Consultado em 5.1.2014.

Gomensoro, Patrícia; Abrantes, Gisela. História da alimentação, apostila. Rio de Janeiro: Editora Senac, 2013.

Grocock, Christopher et al. *Apicius: a critical edition with an introduction and English translation*. Prospect Books, 2006.

Guerreiro, Margarida; Loureiro-Dias, Conceição; Mata, Paulina; Moura, Joana; Prista, Catarina; Oliveira, A. S.; Veiga, A.; Vieira, A.; Revés, J. C. "Gastronomia molecular: do laboratório para a cozinha". Instituto Superior de Agronomia Universidade Técnica de Lisboa, 2007.

Hoefer, M., 1861. *Nouvelle Biographie Générale...* Paris: Firmin Didot Frères. t. 34, p. 998. Versão digital disponível em https://archive.org/details/nouvellebiograph34hoef. Consultado em 2.3.2014.

Houaiss, Antônio et al. *Dicionário Houaiss da Língua Portuguesa*. Rio de Janeiro: Objetiva, 2009.

Ikeda, K., 2002. "New Seasonings". *Oxford Journals Life Sciences & Medicine Chemical Senses*. v. 27, n. 9P, p. 847-849. Versão digital disponível em http://chemse.oxfordjournals.org/content/27/9/847.full. Consultado em 24.2.2014.

Infoqualidade, 2008. http://www.infoqualidade.net/SEQUALI/PDF-SEQUALI-04/n4-sequali-36.pdf. Consultado em 20.3.2014.

Instituto Americano de Culinária. *Chef profissional* (3ª ed.). São Paulo: Editora Senac São Paulo, 2010.

Instituto ATÁ (s.d.). "Manifesto". Disponível em http://www.institutoata.org.br/pt-br/manifesto.php#portugues. Consultado em 4.3.2014.

James, K. Escoffier. *O rei dos chefs*. São Paulo: Editora Senac São Paulo, 2008.

La Varenne, François P., *Le cuisinier françois*, ... Éditeur P. David, Paris, 1651. Versão digital disponível em http://gallica.bnf.fr/ark:/12148/bpt6k114423k. Consultado em 24.2.2014.

Le Cadet, Geoffroy, 1730. "Examen chimique des viandes qu'on employe ordinairement dans les Bouillons..." *Histoire de l'Académie Royale des Sciences pour la même Année*, Paris. p. 217-232. Versão digital disponível em http://gallica.bnf.fr/ark:/12148/bpt6k3591k.image. Consultado em 24.2.2014.

Referências

Lémery, Louis. *Traité des aliments...* (3ª ed.). Éditeur Durand, Paris, 1755. Versão digital disponível em Gallica. http://gallica.bnf.fr/ark:/12148/bpt6k5553300j. Consultado em 24.2.2014.

Lima, Isabelle M., 2012. Grant Achatz, chef nº 1 dos Estados Unidos conta como foi perder o paladar com câncer de língua. *Jornal Folha de São Paulo*. http://www1.folha.uol.com.br/comida/1061151-grant-achatz-chef-n-1-dos-eua-conta-como-foi-perder-o-paladar-com-cancer-de-lingua.shtml. Consultado em 7.1.2014.

Lowe, Belle, *Experimental cooking*. John Wiley & Sons Inc., Nova York, 1937. Versão digital disponível em https://archive.org/details/experimentalcook00lowerich. Consultado em 24.2.2014.

Maar, J. H., 2006 Justus Von Liebig, 1803-1873. "Parte 1: vida, personalidade, pensamento". Química Nova [on-line]. v. 29, n. 5, p. 1129-1137. Disponível em http://www.scielo.br/scielo.php?script=sci_arttext&pid=S0100-40422006000500039. Consultado em 24.2.2014.

Marques, P. "Um contador de histórias". *Revista Menu*. Editora Três, 2013.

Mata, Paulina. "Trabalhos práticos de hidrocolóides na alimentação" - Mestrado em Ciências Gastronômicas. Lisboa: Faculdade de Ciências e Tecnologia da Universidade Nova de Lisboa (FCT-UNL), 2012.

Mata, Paulina; Guerreiro, Margarida. *A cozinha é um laboratório* (3ª ed.). Lisboa: Editora Fonte da Palavra, 2009.

McGee, Harold. *The curious cook*. "Modern Cooking & the Erice Workshops on Molecular & Physical Gastronomy", 2008. Disponível em: http://www.curiouscook.com/site/erice.html. Consultado em 23.2.2014.

McGee, Harold. *Comida & cozinha: ciência e cultura da culinária*. São Paulo: WMF Martins Fontes, 2011.

McGee, Harold. *Dicas para cozinhar bem: um guia para aproveitar*. Rio de Janeiro: Zahar, 2012.

Menon. *Nouveau traité de la cuisine*, 1739. Volume 1. Paris. 3 v. Versão digital disponível em http://reader.digitale-sammlungen.de/en/fs1/object/display/bsb10299314_00001.html. Consultado em 24.2.2014.

Menon. *Nouveau traité de la cuisine*, 1739. Volume 2: http://reader.digitale-sammlungen.de/en/fs1/object/display/bsb10299315_00001.html. Consultado em 24.2.2014.

Menon. *Nouveau traité de la cuisine*, 1739. Volume 3: http://reader.digitale-sammlungen.de/en/fs1/object/display/bsb10299316_00001.html. Consultado em 24.2.2014.

Menon. *Traité historique et pratique de la cuisine...* Éditeur Bauche, 1758. 2 t. Versão digital disponível em: Tomo 1: http://digital.bibliothek.uni-halle.de/hd/content/titleinfo/354105. Consultado em 24.2.2014.

Menon. *Traité historique et pratique de la cuisine...* Éditeur Bauche, 1758. 2 t. Versão digital disponível em: Tomo 2: http://digital.bibliothek.uni-halle.de/hd/content/titleinfo/357953. Consultado em 24.2.2014.

Mel Fernandes, 2013. http://melfernandes.com.br/tag/joan-roca/. Consultado em 9.3.2014.

Molecular gastronomy network. Disponível em http://www.moleculargastronomynetwork.com/en/formations.html. Consultado em 20.2.2014.

Molecular récipes, 2013

    https://www.youtube.com/watch?v=gCVma7hHZiE. Consultado em 10.3.2014.

    http://store.molecularrecipes.com/ultra-thin-edible-film-discs-200-discs. Consultado em 10.3.2014.

Momofuku (s.d). http://momofuku.com/lab/about/. Consultado em 5.1.2014.

Moura, Joana. *Cozinha com ciência e arte*. Lisboa: Editora Bertrand, 2011.

Mugaritz (s.d). http://www.mugaritz.com/contenidos/contenido.php?id=es&se=6&su=25&ap=0&co=1276143453. Consultado em 10.7.2013.

Myhrvold, Nathan, Young, Chris; Bilet, Maxime. *Modernist cuisine: the art and science of cooking*. Cooking Lab, Vol 1, 2011.

Oba gastronomia (s.d). http://www.obagastronomia.com.br/a-cozinha-do-futuro. Consultado em 8.3.2014.

Pacojet (s.d). www.pacojetservice.com. Consultado em 11.3.2014.

Papin, Denis. *La manière d'amolir les os et de faire cuire toutes sortes de viandes en fort peu de temps et à peu de frais*, ... Paris: Éditeur Michallet, 1682. Versão digital disponível em http://gallica.bnf.fr/ark:/12148/btv1b8626228q. Consultado em 24.2.2014.

Pasteur, Louis; Tyndall, John. *Études sur le vin: ses maladies, causes qui les provoquent, procédés nouveaux pour le conserver et pour le vieillir*. Impr. Paris: Impériale, 1866. Versão digital disponível em http://gallica.bnf.fr/ark:/12148/btv1b8626401r. Consultado em 24.2.2014.

Petit Larousse en Couleurs. Paris: Editions Larousse, 1991.

Portal da Educação (s.d). Disponível em http://www.portaleducacao.com.br/diaadia/cursos/2509/gastronomia-molecular. Consultado em 23.2.2014.

Potter, Jeff. *Cozinha geek: ciência real, ótimos truques e boa comida*. Rio de Janeiro: Alta Books, 2010.

Powell, R. (2012). http://www.youtube.com/watch?v=_TEpALlpT7Y. Consultado em 22.3.2013.

Rambourg, Patrick. *Historia de la cocina y la gastronomia francesa* (1ª ed.). Editora Claridad, 2011.

Robuchon, Joël et al. *Larousse Gastronomique*. Paris: Editions Larousse, 2001.

Research Chefs Association (s.d).

    Disponível em http://www.culinology.com/certification. Consultado em 23.2.2014.

    Disponível em http://www.culinology.com/rca-approved-programs. Consultado em 23.2.2014.

Ribeiro, Antonio. "Três estrelas e três mulheres – A vida extraordinária de Paul Bocuse, o chef do século XX, que chega aos 80 anos celebrando o apetite à mesa e na cama". Revista *Veja* – Edição 1936, 2005. http://veja.abril.com.br/blog/de-paris/tag/fernand-point/. Consultado em 7.1.2014.

Referências

Roca, J. (s.d). "O pâtissier alquimista".

> Disponível em http://content.time.com/time/world/article/0,8599,2091586,00.html. Consultado em 19.2.2014.

> Disponível em http://receitas.ig.com.br/jordi-roca-o-patissier-alquimista/n1237813246546.html. Consultado em 18.2.2014.

Roisin, Burke el al. "The development of molecular gastronomy as a subject discipline at the Dublin Institute of Technology", 2012.

Rumford, Benjamin T. *Essays, political, economical, and philosophical*, Volume 3. Editores T. Cadell jun. and W. Davies, 1802. Versão digital disponível em http://books.google.com.br/books?id=GgJAAAAAYAAJ&printsec=frontcover&hl=pt-BR. Consultado em 24.2.2014.

Santamaria, Santi; Lopes, Magda (tradução). *A cozinha a nu: uma visão renovadora do mundo da gastronomia*. São Paulo: Editora Senac São Paulo, 2009.

Steinberger, Michael. *Adeus aos escargots*. Rio de Janeiro: Jorge Zahar Editor, 2009.

The New Spanish Scent That's Good Enough to Eat (s.d.). http://content.time.com/time/world/article/0,8599,2091586,00.html. Consultado em 20.7.2018.

This, Hervé. "La gastronomie moleculaire et physique". Tese de doutorado – Paris: Université de Paris VI, 1996.

This, Hervé. "Molecular gastronomy is a scientific discipline, and note by note cuisine is the next culinary trend", 2013. Flavour, 2:1.

This, Hervé; Bertolote, José M. (tradução). *A cozinha das crianças (espertas)*. São Paulo: Editora Degustar Ltda., 2006.

This, Hervé; Monchicourt, M. *Herança culinária e as bases da gastronomia molecular*. São Paulo: Editora Senac São Paulo, 2009.

Todoli, Vicente; Hamilton, Richard. *Food for thought: thought for food*. Barcelona: Editora Actar, 2009.

UAB Divulga Science Journal, 2012. http://www.uab.es/servlet/Satellite?cid=1096481466574&pagename=UABDivulga%2FPage%2FTemplatePageDetallArticleInvestigar&param1=1238568647206. Consultado em 8.1.2014.

Universidade Metodista de São Paulo (s.d.). Disponível em https://www.metodista.br/curta-duracao/introducao-a-gastronomia-modernista-cozinha-molecular. Consultado em 20.2.2014.

UOL Comidas e Bebidas, 1996. http://comidasebebidas.uol.com.br. Consultado em 5.1.2014.

Van der Linden, E.; McClements, D. J.; Ubbink, J. *Food Biophysics* 3, 2008.

Vaquier, André. "Un philanthrope méconnu: Cadet de Vaux (1743-1828)". Mémoires de la Fédération des Sociétés Historiques et Archéologiques de Paris et Île-de-France (F.S.H.A.P.I.F.). Paris: t. 9, in-8° (artigo 8 do livro 9), 1958.

Vogler. http://www.vogler.com.br. Consultado em 2.3.2014.

Wolke, Robert L. *O que Einstein disse a seu cozinheiro – Volume 1: a ciência na cozinha*. Rio de Janeiro: Zahar, 2002.

Wolke, Robert L. *O que Einstein disse a seu cozinheiro – Volume 2: mais ciência na cozinha*. Rio de Janeiro: Zahar, 2005.

Referências

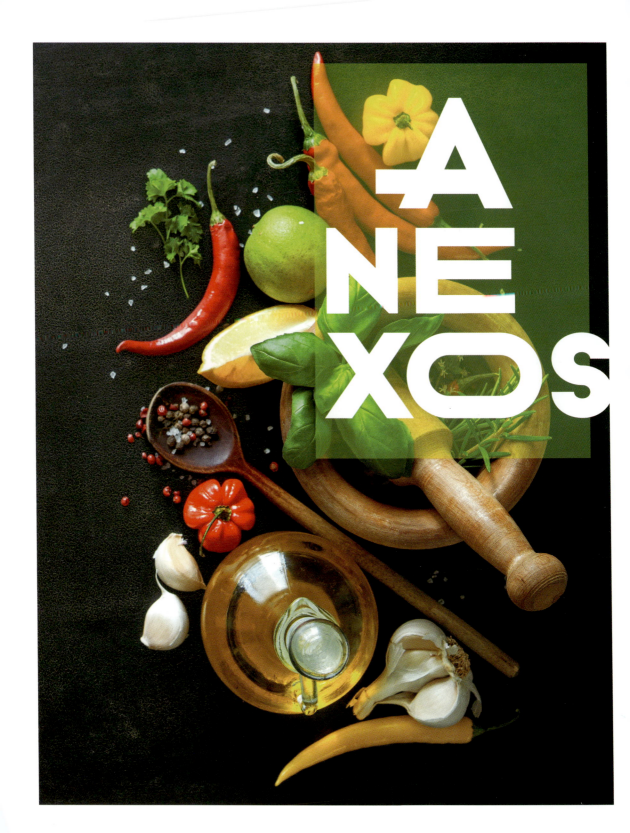

Anexo I

Glossário de cozinha modernista

Acidificação – Procedimento pelo qual se acrescenta um ácido a um produto ou a uma preparação. Resulta em uma diminuição do pH (medida de acidez ou basicidade).

Ácido cítrico – O ácido cítrico está presente em frutas cítricas, como limão e laranja, e pode ser extraído destas. É produzido industrialmente por fermentação com *Aspergillus niger*. Usa-se como conservante natural (antioxidante) e regulador de acidez (proporciona aos alimentos e bebidas sabor ácido e refrescante).

Ácido tartárico – Aditivo E-334. É encontrado nas uvas e em outros frutos. Ácido orgânico, utilizado como regulador de acidez. Possibilita a atuação de antioxidantes.

Açúcar explosivo – O açúcar explosivo se apresenta na forma de pequenas bolinhas de açúcar, nas quais o dióxido de carbono é introduzido sob pressão.

Aditivo alimentar – Substância sem poder nutritivo por si só, que é acrescentada de modo calculado a um produto ou preparo alimentício para assegurar sua conservação, facilitar ou melhorar seu processo de elaboração ou, ainda, modificar suas características físicas ou organolépticas.

Aerificar – Significa introduzir ar na preparação.

Ágar – Aditivo E-406. Hidrocoloide com características gelificantes. Extraído das algas vermelhas *Gelidium e Gracilaria*. Hidrato de carbono que não é absorvido, uma fibra alimentar.

Albuminas – Proteínas que fazem parte de determinados alimentos: clara de ovo (ovalbumina), leite (lactoalbumina). Utilizadas como gelificantes e emulsionantes.

Alfarroba (Goma) – Aditivo E-410. Hidrocoloide com poder espessante e gelificante quando associado a outros hidrocoloides.

Alginato de sódio – Aditivo E-401. Hidrocoloide com características gelificantes, espessantes e estabilizantes. Hidrato de carbono que não é absorvido, uma fibra alimentar.

Amido – Polissacarídeo extraído de cereais e tubérculos. Hidrocoloide formado por amilose e amilopectina.

Ar – Denominação atribuída a uma preparação culinária caracterizada por ser uma espuma muito leve. É encontrada pela adição de um emulsionante ao líquido base e introdução de ar por agitação forte.

Arábica (Goma) – Aditivo E-414. Polissacarídeo com características emulsionantes, espessantes e estabilizantes. Hidrocoloide.

Bicarbonato de sódio – Aditivo E-500. Produto alcalino, controlador de acidez e neutralizador de ácidos. Fermento químico em confeitaria.

Carbonatação – Dissolução de dióxido de carbono (CO_2) em água (H_2O), o que resulta na introdução de pequenas bolhas de dióxido de carbono em água no estado líquido e ligeira acidificação da solução pela formação de quantidades pequenas de ácido carbônico H_2CO_3.

Carboximetilcelulose – Aditivo E-466. Hidrocoloide obtido por alteração química da celulose, é utilizado como espessante, estabilizante, gelificante e modificador de textura.

Carrageninas – Aditivo E-407. Mistura complexa de polissacarídeos com características gelificantes, espessantes e estabilizantes. Comercializam-se três tipos: Kappa, Iota e Lambda, que exibem diferentes estruturas e propriedades.

Clarificação – Operação que visa eliminar partículas em suspensão em um líquido. Essa operação consiste em adicionar um produto clarificante (orgânico ou mineral), que vai coagular, flocular e arrastar as partículas em suspensão.

Cloreto de cálcio – Sal de cálcio composto por cálcio e cloro. Utilizado para aumentar o teor de cálcio necessário para produzir efeito gelificante de alguns hidrocoloides, como o alginato de sódio.

Coloide – Dispersão de componentes com dimensões de 1 nm a 1 μm – moléculas grandes ou partículas pequenas – em um líquido.

Concentração – Razão entre a quantidade ou a massa de uma substância e o volume do solvente em que esse composto se encontra dissolvido.

Cozinha de vanguarda – Chamada cozinha "modernista" ou "molecular", utiliza diversas técnicas e equipamentos não utilizados na cozinha clássica para transformar texturas, sabores e aromas.

Cozinha molecular – Ver *Cozinha de vanguarda*.

Criogenia (ou criogenização) – Produção de frio com a utilização de gases liquefeitos, em especial o nitrogênio líquido de dióxido de carbono. O nitrogênio líquido é responsável por abaixar a temperatura do produto com muita rapidez, o que favorece a formação de cristais de gelo muito pequenos, não de maiores dimensões.

Desidratação – Extração parcial ou total da água de um alimento a fim de conseguir novas formas, texturas e obter um produto mais leve com mais durabilidade.

Dióxido de carbono – Aditivo E-290. Utilizado como conservante e gaseificante. Gás comprimido em cápsulas, apresentado normalmente em sifão com o nome de soda (CO_2).

Emulsão – Dispersão coloidal de dois líquidos não miscíveis. Exemplos: maionese, manteiga e ganache.

Emulsionante – Produto ou aditivo que possibilita a formação e estabilização de uma emulsão de dois líquidos não miscíveis entre si. Exemplos: lecitina, monoglicérides e diglicéridas, sucroésteres.

Enzimas – Proteínas que atuam como catalisadores biológicos, capazes de decompor ou sintetizar outras substâncias sem que elas mesmas sejam afetadas.

Esferificação – Processo de criação de pequenas esferas que se originam de um líquido e formam um gel envolvente. Existem dois tipos de esferificação: direta e inversa, ambas com uso de alginato de sódio e sal de cálcio (cloreto de cálcio ou gluconato de cálcio e lactato de cálcio).

Espessantes – Produtos capazes de aumentar a viscosidade de um líquido, os quais na maioria das vezes são hidrocoloides.

Espuma – Dispersão coloidal de um gás em um líquido (ex.: espuma de cerveja, claras em neve) ou de um gás em um sólido (ex.: pão, suflê).

Filme comestível ou obulato – É um filme transparente, fino, com cheiro e sabor neutros, feito à base de amido.

Gastronomia molecular – Estudo com base em métodos científicos dos fenômenos que sucedem nas preparações culinárias e no consumo de alimentos.

Gel – Dispersão coloidal de um líquido em um sólido, que constitui uma estrutura de rede tridimensional que retém o líquido.

Gelano (Goma) – Aditivo E-418. Hidrocoloide com características gelificantes e estabilizantes. Carboidrato obtido pela fermentação por bactérias. Não é metabolizado pelo homem, constitui uma fibra alimentar.

Gelatina – Proteínas obtidas do colágeno de animais, solúveis em água, com características gelificantes e espessantes. Hidrocoloide. Quanto maior a capacidade gelificante, maior o valor de Bloom.

Gluconato de cálcio – Sal de cálcio utilizado na esferificação inversa.

Goma xantana – Aditivo E-415. Carboidrato utilizado como espessante e estabilizante. É obtido pelo processo de fermentação do amido de milho e pela bactéria *Xanthomonas campestres* presente na couve.

Guar (Goma) – Aditivo E-412. Hidrocoloide com características espessantes e estabilizantes. Polissacarídeo proveniente da planta *Cyamopsis tetragonolobus*.

Hidrocoloide – Polissacarídeo ou proteína que tem capacidade de se ligar à água para formar géis ou espessar líquidos, controlando desse modo a atividade de água de um sistema.

Isomalte – Aditivo E-953. Utilizado como edulcorante e umidificante. É um açúcar modificado obtido da sacarose por intermédio de processos químicos. Tem propriedades diferentes do açúcar normal e um sabor menos doce por ter um ponto de fusão mais baixo do que a sacarose.

Lactato de cálcio – Sal de cálcio utilizado na esferificação inversa.

Lecitina – Aditivo E-322. Mistura de glicolipídeos, triglicerídeos e fosfolipídeos com características emulsionantes e antioxidantes. Extraída mecânica ou quimicamente da soja, das sementes do girassol ou da gema do ovo.

Liofilização – Técnica que utiliza a desidratação de alimentos por sublimação, ou seja, passa a água de modo direto do estado sólido ao gasoso. Como resultado das baixas temperaturas, o alimento conserva seus sabores, aromas e propriedades nutricionais.

Maltodextrina – Carboidrato resultante da hidrólise (quebra) das moléculas de amido (de trigo, milho, tapioca).

Metilcelulose – Aditivo E-461. Hidrocoloide com características espessantes e gelificantes. Carboidrato obtido por transformação química da celulose das plantas.

Mixologia – Conjunto de técnicas utilizadas na preparação de coquetéis.

Monoglicérides e diglicéridas – Aditivo E-471. Derivados da reação entre a glicerina e os ácidos gordos, apresentam características emulsionantes.

Nitrogênio líquido – Aditivo E-941. Elemento (N_2) que acima de -196 °C é um gás que se mantém líquido em temperaturas entre -196 °C e -210 °C. Utilizado para congelamento instantâneo.

Óxido nitroso – Apresenta-se na forma de um gás incolor, composto de duas partes de nitrogênio e uma de oxigênio. Gás comprimido em cápsulas, usado normalmente em sifão com o nome de cream (N_2O).

Pectinas – Aditivo E-440. Polissacarídeos com características gelificantes. Hidrocoloides. Existem dois tipos de pectinas, as HM (alta metoxilação) e LM (baixa metoxilação).

pH – Índice que identifica o nível de acidez, neutralidade ou alcalinidade de uma substância aquosa ou sólida.

Rotaval ou rotavapor – Equipamento que faculta obter destilados à pressão reduzida e a baixas temperaturas.

Sifão – Garrafa própria para preparações como espumas, cremes e emulsões. Requer injeção de gás.

Sous-vide – Técnica de cozinha a vácuo e a baixas temperaturas por um tempo maior que o tradicional. Utilizam-se equipamentos específicos, como um banho de temperatura controlada e embalagens a vácuo adequadas para cozimento.

Tara (Goma) – Aditivo E-417. Goma vegetal com poder espessante e estabilizante. É extraída de uma árvore sul americana *Casalpinia spinosum*.

Termorreversível – Termo usado para denominar uma substância que foi modificada e poderá retornar a seu estado anterior por meio da mudança de temperatura.

Thermomix ou Bimby – Equipamento multifunções capaz de picar, bater, emulsionar, sovar, cozinhar, assar no vapor, entre outras.

Transglutaminase – Enzima que possibilita a formação de ligações entre proteínas. É extraída do tecido muscular de peixes e mamíferos ou de fonte microbiana. Atua em todo tipo de alimentos proteicos (peixe, carne, tofu, gelatinas, farinhas).

Viscosidade – Resistência que um material oferece para fluir.

Anexo II

Cronologia da gastronomia molecular e antecedentes

Século II A.C. – Autor anônimo: com o auxílio de uma balança, tenta determinar o quão mais leve é a carne fermentada em relação à versão *in natura* (This, 2006).

1679 – O físico francês Denis Papin (1682) inventa a "máquina a vapor", que evoluiria para a "panela de pressão". Ele então a descreve em um livro, que pode ser considerado o primeiro texto moderno sobre "ciência e culinária", intitulado *La manière d'amolir les os et de faire cuire toutes sortes de viandes en fort peu de temps et à peu de frais*.

1705 – O médico e químico Lémery (1755) escreve o *Traité des aliments*, em que discorre sobre fisiologia e acrescenta informações sobre a química de alguns alimentos, como a presença de quimosina no estômago da vitela, uma protease que ajuda na fase inicial de fabricação do queijo.

1732 – Destaca-se o trabalho de Geoffroy le Cadet (1732)* sobre os caldos de carne em "Examen chymique des viandes qu'on employe ordinairement dans les Bouillons", publicado em *Mémoires de l'Académie Royale des Sciences pour l'année 1730*.

1758 – Menon (1758), pseudônimo de um grande autor de livros de culinária francesa, publica seu *Traité historique et pratique de la cuisine*, cujo destaque se dá no primeiro capítulo do primeiro tomo – sob o título de "Des Bouillons, des Jus et des Coulis, tante en maigre qu'en gras" – em que ele fala exaustivamente sobre o preparo de caldos e molhos. Vale ressaltar a obra anterior, *Nouveau traité de la cuisine*, na qual, no volume três, ele substitui o título por *La nouvelle cuisine*, expressão que ficou em voga na época e que, mais tarde, viria a ser adotada por Gault et Millau para descrever o famoso movimento de vanguarda culinária na França do pós-guerra.

1783 – Destaca-se o trabalho de Lavoisier, entre os vários conduzidos pelo químico, que tenta estudar a qualidade dos caldos pela mensuração de sua densidade (This, 2006).

1794 – O físico americano Benjamim Thompson – mais tarde intitulado Count Rumford – escreve sobre as vantagens que adviriam da aplicação das descobertas científicas e mecânicas à melhoria da arte culinária (Dória, 2007). Ele estudou as transformações culinárias e criou utensílios e equipamentos, como um pote para moer melhor os grãos de café (This, 2006). Em 1799, na obra *Essays, political, economical, and philosophical, Volume 3*, descreve o que viria a ser a técnica de cocção à baixa temperatura *sous-vide* (Rumford, 1802).

---

*Le Cadet, que era boticário, botânico e químico, também foi um grande estudioso das plantas e dos óleos essenciais.

Anexos

1818 – Antoine-Alexis Cadet de Vaux, químico e farmacêutico francês, publica a obra *De la gélatine des os et de son bouillon*, reflexão muito importante sobre as propriedades nutricionais dos caldos, e compara a extração de gelatina de ossos à adição de gelatina extraída industrialmente. Além desse livro, ele tem uma série de estudos sobre alimentos e bebidas. Antoine-Alexis trabalhou em especial em utensílios de cozinha para proibir o uso de chumbo ou cobre. Cadet de Vaux também estava intimamente associado a Antoine Parmentier em vários estudos, como para a melhoria da qualidade do pão (Vaquier, 1958).

1823 – Eugène Chevreul (1786-1889) publica o resultado de seus estudos sobre os ácidos graxos (ácidos gordos), que possibilitam tanto o desenvolvimento da saponificação quanto, mais tarde, a produção da margarina (Dória, 2007).

1828 – Marie-Antoine Carême (1828) publica sua obra-prima *Le cuisinier parisien* que, além da clássica separação dos molhos por famílias, sugere o preparo de quatro diferentes tipos de maionese, nos quais apenas uma das receitas incluía o emprego de gema de ovo. Nas demais, a solução usada era caldo concentrado de carne para ajudar a emulsionar o molho e algum tipo de amido para estabilizar a emulsão.

1829 – Jean-Pierre-Joseph d'Arcet (1829), químico e industrial francês, pública uma série de estudos sobre a extração de gelatina de ossos bovinos e seu refino.

1848 – Após a morte de Jean-Anthelme Brillat-Savarin (1755-1826), é publicada sua *Fisiologia do gosto*, que conceitualiza a gastronomia como o estudo de tudo o que se relaciona com o comer (Dória, 2007). No livro ele discorre várias vezes sobre o "osmazoma" (Brillat-Savarin, 1995), uma espécie de precursor do conceito de *umami* e que foi definido por Louis Jacques Thenard como sendo "o sabor das carnes".

1852 – Justus von Liebig desenvolve fórmulas e processos para a química orgânica e contribui de maneira definitiva para a criação de novos alimentos desidratados (Maar, 2006), tais como o "Liebig's infant food" (alimento lácteo para substituir o leite materno) e "Liebig's fleisch extract" (extrato de carne líquido). Além disso, foi Liebig quem difundiu a crença – mais tarde comprovada errônea – de que selar a carne a impedia de perder os sucos. (McGee, 2011)

1862 – Pasteur, a pedido dos vinicultores e cervejeiros, começou a investigar a razão pela qual azedavam as bebidas. Em seu *Études sur le vin...* chegou à conclusão de que a fermentação resultava da ação de microrganismos, negando que estes surgissem de modo espontâneo nas substâncias fermentescíveis e afirmando que ela resultava da contaminação do ar. Desse modo, comprovou que – caso fossem vedadas em potes herméticos e aquecidas, a uma faixa de temperatura e por um certo período, de acordo com sua especificidade – as substâncias permaneceriam inalteradas indeterminadamente (Pasteur & Tyndall, 1866). Daí originou-se o famoso processo de conservação por pasteurização, que é empregado em uma faixa de temperatura entre 65 °C e 85 °C até os dias de hoje.

1902 – Hermann Emil Fischer (1852-1919) recebe o prêmio Nobel de Química por seu trabalho sobre a síntese dos açúcares (Dória, 2007).

1903 – Auguste Escoffier (2001) na sua obra-prima da gastronomia, *Le guide culinaire*, pondera, nas primeiras páginas do capítulo de molhos, sobre o futuro da aplicação de certos "agentes de ligação", que não os da farinha de trigo, tais como amidos, féculas e araruta (p. 4-5). Já nas páginas sobre o *roux* (p. 11-12), ele retoma o assunto e discute, em muitas ocasiões de maneira equivocada, as propriedades químicas desses hidrocoloides.

1908 – Kikunae Ikeda (2002), professor da Tokyo Imperial University, identifica pela primeira vez a molécula responsável pelo sabor *umami* – traduzido literalmente como "de agradável sabor", mas também descrito como sendo o gosto das proteínas. Ele descobre que o glutamato era o responsável pelo sabor diferenciado do caldo japonês *dashi*, que é fabricado com algas *kombu*, e, percebendo que seu gosto era diferente de doce, ácido, salgado ou amargo, deu a esse quinto gosto básico o nome *umami*.

1937 – Belle Lowe (1937), professora de *Food and nutrition* no Iowa State College, publica *Experimental cookery: from the chemical and physical standpoint*, que incluía capítulos como: "A relação da cocção com a química coloidal"; "Coagulação de proteínas"; "Os fatores que afetam a viscosidade do creme e do sorvete"; "Sinérese", "Hidrólise do colágeno"; "Mudanças na carne cozida e a cocção das carnes".

1943 – As professoras Evelyn G. Halliday e Isabel T. Noble (1943) publicam um livro intitulado *Food chemistry and cookery*, que incluía capítulos como: "A química do leite"; " A química dos fermentos químicos e o seu uso na panificação"; "A química da cocção de vegetais" e "Determinação da concentração de íons de hidrogênio".

1969 – Nicholas Kurti realiza uma conferência na Royal Society, sob o título "O físico na cozinha", utilizando o recém-inventado forno de micro-ondas e apresentando, como aplicação, um sorvete frio por fora e quente por dentro.

1974 – Georges Pralus adota o método de cocção *sous-vide* no Restaurante Troisgros (Pierre e Michel Troisgros) em Roanne, na França. Ele descobre que o foie gras, quando cozido por essa técnica, perde muito menos gordura, mantém sua aparência original rosada e sua textura fica ainda melhor. Outro pioneiro no uso de *sous-vide* foi Bruno Goussault, que treinou vários chefs importantes no domínio dessa técnica. (Farber & Dodds, 1995)

Segundo Dória (2007), podem, ainda, ser destacados os seguintes marcos já no contexto da gênese da gastronomia molecular:

1982 – Começam a surgir, com irregularidade, os primeiros textos de gastronomia molecular na Scientific American.

1991 – Surge uma coluna de gastronomia molecular na revista *Pour la Science* (edição francesa da *Scientific American*).

1992 – Primeira conferência sobre gastronomia molecular na Escola Normal Superior de Paris (Departamento de Física). Primeiro "International Workshop on Molecular Gastronomy" em Erice (Sicília), codirigido por Hervé This e Nicholas Kurti.

1993 – Hervé This publica *Les secrets de la casserole*.

1994 – Primeiros cursos de gastronomia molecular em universidades.

1995 – Criação do grupo de gastronomia molecular no Laboratório de Interações Químicas, dirigido pelo prêmio Nobel de Química Jean-Marie Lehn, no Collège de France.

1998 – Morre Nicholas Kurti. Hervé This é responsável por um programa semanal na TV sobre gastronomia molecular.

1999 – Definição do currículo de física e química dos novos alimentos em faculdades francesas.

2000 – Organização da Jornada Francesa de Gastronomia Molecular na Universidade de Orsay (Paris). Organização dos seminários mensais de gastronomia molecular no INRA, ligados à Escola Superior de Cozinha Centro Jean Ferrandi, em Paris.

2001 – Introdução dos ateliês experimentais do gosto nas escolas fundamentais. Introdução de atividades e matérias sobre o patrimônio culinário nas escolas e faculdades francesas.

2002 – Criação dos ateliês de gastronomia molecular nas escolas culinárias francesas. Hervé This publica os livros *Casseroles et éprouvettes* e *Traité élementaire de cuisine*.

2003 – Introdução de currículo culinário reformulado com base na gastronomia molecular nas escolas de cozinha francesas. Introdução de atividades e matérias sobre o patrimônio culinário nas escolas e faculdades francesas. Criação de grupo de especialistas na química do alimento e do gosto na Sociedade Francesa de Química.

2004 – Criação do Instituto de Altos Estudos do Gosto, da Gastronomia e da Mesa na Universidade de Reims.

2006 – A Academia de Ciência da França organiza a Fondation Science et Culture, sob direção de Hervé This, com o objetivo, entre outros, de criar novos hábitos alimentares entre crianças e jovens de idade escolar.

Anexo III

Personalidades

1. Físico – Nicholas Kurti (1908-1998)

Durante sua infância em Budapeste, Nicholas Kurti ficou familiarizado com as técnicas básicas de cozinha ao observar sua mãe durante o preparo das refeições. Isso se tornou de grande valia em seu período como estudante em Paris e Berlim; mais tarde, afigurou-se um grande hobby. Influenciado pelo físico Count Rumford, um grande ídolo, Kurti aplicou seu conhecimento científico ao cotidiano e em particular aos processos culinários.

Em 1969, ele realizou uma palestra em Londres, integrada aos Friday Evening Discourses da Royal Institution, cujo tema foi "The physicist in the kitchen",[1] na qual utilizou várias técnicas, entre as quais a de um forno de micro-ondas para preparar alimentos frios por fora e quentes por dentro. Nessa palestra, em especial, destaca-se a medição da temperatura correta para assar o interior de um suflê.

Inspirado por Brillat-Savarin,[2] nessa palestra Kurti proferiu uma frase que ficou célebre: "Penso que é uma triste constatação sobre a nossa civilização o fato de medirmos a temperatura da atmosfera do planeta Vênus e não sabermos o que se passa com os nossos suflês."

A apresentação da palestra "The physicist in the kitchen" foi mais tarde exibida pela rede de televisão BBC. Ele também trabalhou em parceria com o chef Raymond Blanc tanto na série de TV da BBC Blanc Mange como no livro de mesmo nome.[3]

O interesse em ciência aplicada às artes culinárias chamou a atenção de Hervé This, do Collége de France e editor-chefe da revista *Pour la Science*, dadas as afinidades de ambos no assunto. Nicholas Kurti orientou a tese de Ph.D. de Hervé This e colaborou na organização dos Workshops on Molecular and Physical Gastronomy que se realizaram em Erice, na Sicília, no Ettore Majorana Foundation and Centre for Scientific Culture. Depois da sua morte, em 1998, os seminários foram dedicados por Hervé This à sua memória.

---

[1] The Royal Society. "The physicist in the kitchen". Disponível em: <http://royalsociety.org/uploadedFiles/Royal_Society/Blog/Kurti_gastronomy.pdf>. Consultado em 4.3.2014.
[2] "A descoberta de uma nova receita faz mais pela felicidade do gênero humano do que a descoberta de uma estrela." (Brillat-Savarin, 1995)
[3] Blanc, R. *Blanc Mange: the mysteries of the kitchen*. BBC Books, 1994.

2. Físico/Químico – Hervé This

Hervé This é um físico e químico francês que trabalha para o Institut National de la Recherche Agronomique, em Paris, e dirige o grupo de gastronomia molecular no AgroParisTech. Sua principal área de pesquisa científica é a gastronomia molecular, que é a ciência dos fenômenos culinários.

Com Nicholas Kurti, ele criou a disciplina científica gastronomia molecular e física, nome encurtado em 1988, após a morte de Kurti, para gastronomia molecular.[4] Formado pela École Supérieure de Physique et de Chimie Industrielles de la Ville de Paris, ele obteve o título de Ph.D. da Universidade de Paris ao defender sua tese de doutorado sob o título "La gastronomie moléculaire et physique".

This dedicou sua vida à gastronomia molecular e sua divulgação, escreveu diversas publicações científicas e de divulgação, bem como vários livros sobre o assunto. Tem um trabalho de colaboração muito interessante com o chef francês Pierre Gagnaire, em que lança desafios a este, com base em conhecimento científico, para ele criar técnicas ou receitas.[5]

This colabora, ainda, com a revista *Pour la Science*, cujo objetivo é apresentar conceitos científicos para o público em geral. Também é membro correspondente da Académie d'Agriculture de France e, mais recentemente, diretor científico do Fondation Science & Culture Alimentaire, que ele criou na Académie des Sciences.[6]

Bibliografia principal

- *Les secrets de la casserole*. Coleção Science et Gastronomie. Editora Belin, 1993.
- *Révélations gastronomiques*. Coleção Science et Gastronomie. Editora Belin, 1995.
- *Traité élémentaire de cuisine*. Coleção Belin Sciences. Editora Belin, 2002.
- *Casseroles et éprouvettes*. Coleção Bibliothèque Scientifique. Editora Belin, 2002.
- *Construisons un repas* (com Marie-Odile Monchicourt). Coleção Sante Bien-Etre. Editora Odile Jacob, 2007.
- *De la science aux fourneaux*. Coleção Bibliothèque Scientifique. Editora Belin/Pour la Science, 2007.
- *Cours de gastronomie moléculaire N°1: Science, technologie, technique... culinaires: quelles relations?* Coleção Les Racines du Vivant. Editora Quae/Belin, 2009.
- *La cuisine note à note, en douze questions souriantes*. Coleção Belin Sciences. Editora Belin, 2012.

---

[4] This, H. "Food for tomorrow? How the scientific discipline of molecular gastronomy could change the way we eat". European Molecular Biology Organization (EMBO) Reports, v. 7, n. 11, 2006, p. 1062-1066.

[5] Gagnaire, P. http://www.pierre-gagnaire.com/#/pg/pierre_et_herve Consultado em 1.3.2014.

[6] Academia Europaea: The Academy of Europe. "Hervé This - Short Biography". Disponível em: <http://www.ae-info.org/ae/Acad_Main/Plenary_Conferences/Paris_2011/Report/Speakers/This_Herve>. Consultado em 4.3.2014.

3. Chef – Ferran Adrià: Restaurante elBulli

Ferran Adrià foi o chef-proprietário do restaurante elBulli, na Espanha. Foi o único restaurante votado "número 1" do mundo quatro vezes consecutivas, de 2006 a 2009, na lista The World's 50 Best Restaurants, publicada pela *Restaurant Magazine*.[7]

Ele recebeu inúmeros prêmios, condecorações e altíssimas pontuações de guias como Michelin (3 estrelas), Gault et Millau (19/20 pontos) e Lo Mejor de la Gastronomia (9,75). Em 2004, foi eleito pela revista americana Time umas das 100 personalidades mais influentes do mundo. A Universidade de Harvard converte sua trajetória em torno da criatividade em um estudo de caso, além de montar, em parceria com ele e a Fundación Alicia (Alimentación y Ciência), um curso de Ciência e Cozinha em 2010.

No período de 1987 a 1989, Adrià começa a trabalhar com a renovação da cozinha do seu restaurante. Investe na modernização da cozinha catalã e espanhola, o que ocasiona uma "mediterranização" do seu estilo pessoal. Apenas em 1994 passa a desenvolver o que chama de cozinha técnico-conceitual, na qual as técnicas e os conceitos são a força da sua criatividade.

Distingue-o o tempo devotado à investigação de novos ingredientes, técnicas e receitas. Isso só se tornou possível pelo fato de o elBulli fechar na maior parte do tempo – a partir de 1987 começa a abrir somente em alguns meses do ano uma vez que não havia clientes em número suficiente e, em 2001, encerra suas atividades para o almoço. O tempo livre possibilitou tanto desenvolver sua criatividade quanto refletir sobre sua cozinha, viajar e fazer estágios ou conhecer a cozinha de outros chefs importantes.

Além da genialidade, Adrià também teve sua parcela de sorte: em 1992 foi "descoberto" por Jöel Robuchon e, em 1996, divulgado como o melhor cozinheiro do mundo e sucessor natural desse chef francês – que, por sinal, foi considerado o chef do século pelo Gault et Millau. Dessa maneira, começaram a aparecer críticos de gastronomia de todo o mundo e os pedidos de reserva assumiram valores muito altos e pouco comuns: chegaram a dois milhões para apenas oito mil mesas disponíveis por ano, no auge do elBulli.[8]

No ano de 1997 Adrià monta seu pioneiro laboratório de investigação culinária, o elBulli Taller. Essa iniciativa o capacita a formar equipes multidisciplinares com especialistas de áreas

---

[7] The World's 50 Best Restaurants (2012). Disponível em http://www.theworlds50best.com Consultado em 5.1.2014.
Past List 2006. Disponível em http://www.theworlds50best.com/list/past-lists/2006/ Consultado em 4.3.2014
Past List 2007. Disponível em http://www.theworlds50best.com/list/past-lists/2007/ Consultado em 4.3.2014
Past List 2008. Disponível em http://www.theworlds50best.com/list/past-lists/2008/ Consultado em 4.3.2014
Past List 2009. Disponível em http://www.theworlds50best.com/list/past-lists/2009/ Consultado em 4.3.2014

[8] elBulli. Historia 1987-1993.
"La apuesta por la creatividad". Disponível em http://www.elbulli.com/historia/index.php?lang=es&seccion=3&subseccion=2 Consultado em 3.3.2014.
"La historia de elBulli: toda nuestra historia desde 1961 hasta 2011". Disponível em http://www.elbulli.com/historia/version_imprimible/1961-2011_es.pdf Consultado em 4.3.2014.
"La historia continua". Disponível em http://www.elbulli.com/historia/index.php?lang=es&seccion=7&subseccion=1# Consultado em 4.3.2014.

Anexos

de conhecimento que até aí não apareciam associados à cozinha, como: química dos alimentos (Pere Castells), desenho industrial (Gemma Bernal) e moda (Armand Bassi). Foi possível ainda aprofundar a elaboração de novos menus e desenvolver trabalhos com várias empresas (Borges, Lavazza, Pepsico etc.).

Em 2004, ele se envolve no projeto para criar a Fundación Alicia, cujo objetivo seria promover uma alimentação melhor para o futuro. De fato, em 2007, a fundação abre suas portas para o grande público e Adrià torna-se presidente do comitê assessor.

Em 2006, Ferran Adrià apresenta no Madrid Fusión a "síntese de sua cozinha",[9] inspirado na iniciativa de Gault et Millau, que muitos anos antes enunciaram os mandamentos da nouvelle cuisine.

Essa síntese é constituída por 23 preceitos cujo objetivo era resumir a filosofia de cozinha do elBulli. Vale ressaltar que essa iniciativa foi reproduzida por inúmeros chefs ao redor do mundo para as respectivas cozinhas.

Entre os livros publicados, destaca-se o imenso catálogo com todos os pratos servidos no elBulli do ano de 1983 a 2011.

Ferran Adrià vem se dedicando mais intensamente à pesquisa e à divulgação da gastronomia desde 2011, momento em que fechou seu restaurante elBulli. Hoje, em 2014, o chef se dedica à elBullifoundation e à enciclopédia colaborativa Bullipedia.[10] Segundo o próprio Adrià, a mudança foi necessária para que ele e sua equipe pudessem se concentrar no desenvolvimento da criatividade.[11]

Bibliografia principal

- *elBulli, El sabor del Mediterráneo*. Barcelona: Empuries, 1993.
- *Los secretos de elBulli*. Barcelona: Altaya, 1998.
- *elBulli 1983-1993*. RBA Libros, 2002.
- *elBulli 1994-1997*. RBA Libros, 2002.
- *elBulli 1998-2002*. RBA Libros, 2003.
- *elBulli 2003-2004*. RBA Libros, 2005.
- *elBulli 2005*. RBA Libros, 2006.
- *A day at elBulli*. Nova York: Phaidon Press, 2008.
- *elBulli 2005-2011*. Nova York: Phaidon Press, 2014.

---

[9] elBulli. Cronologia. Disponível em http://www.elbulli.com/videos/cronologia/preindex.php?lang=es. Consultado em 3.3.2014.
elBulli. "Biografias y Vidas" (2013). http://www.biografiasyvidas.com/biografia/a/adria.htm. Consultado em 6.1.2014.
[10] Bullipedia. Disponível em http://www.bullipedia.com/. Consultado em 4.3.2014.
[11] TV Cultura. Ferran Adrià fala de gastronomia e cozinha molecular no Roda Viva. Disponível em http://cmais.com.br/imprensa/noticias/ferran-adria-fala-de-gastronomia-e-cozinha-molecular-no-roda-viva. Consultado em 4.3.2014.

Filmografia principal

- elBulli – *Cooking in progress*: dirigida pelo alemão Gereon Wetzel, acompanha a jornada de Adrià e sua equipe criativa na elaboração do menu da temporada de 2008-2009. O filme enfatiza o processo criativo por trás do serviço de um restaurante de alta gastronomia.
- elBulli – *Historia de un sueño*: uma coleção de dez DVDs que documentam o percurso de Adriá, toda a história do restaurante e as novas técnicas desenvolvidas e que constituem um catálogo geral audiovisual.

4. Chef – Heston Blumenthal: Restaurantes The Fat Duck/Dinner

O inglês Heston Blumenthal descobriu aos 16 anos que queria ser chef quando foi, pela primeira vez com sua família, a um restaurante francês três estrelas do Guia Michelin, na Provença.

Trabalhou em diversas áreas, por mais de uma década, até se dedicar enfim a seu grande sonho de ser cozinheiro. Aperfeiçoou suas competências em treinos realizados em sua cozinha doméstica, leituras, viagens, visitas a restaurantes e fornecedores etc. O encontro com o livro de Harold McGee, *On food and cooking*, abriu-lhe todo um novo universo de possibilidades dentro da gastronomia.

Em 1995, comprou um pub com mais de 450 anos em Bray, na Inglaterra. Abriu como um simples bistrô, servindo clássicos da cozinha francesa. Apesar da situação precária, Blumenthal começou a receber boas críticas da imprensa especializada e procurou a colaboração de cientistas como meio para ultrapassar dificuldades. Seu contato com o físico Peter Barham, da Universidade de Bristol, marcou sua carreira.

Ao mesmo tempo que se dava essa aproximação, seu restaurante The Fat Duck recebeu a primeira estrela no Guia Michelin. Decidiu, então, ir além dos clássicos franceses e começou a desenvolver uma cozinha autoral. Em 2000, reformulou completamente seu restaurante e o reinaugurou servindo um menu degustação. O uso de equipamentos laboratoriais possibilitou que ele explorasse novos conceitos e, em pouco tempo, recebeu a segunda e a terceira estrela do Michelin.

Sua relação com a cozinha é muito científica e isso o leva a trabalhar com historiadores de alimentos, perfumistas, fisiologistas, químicos e bioquímicos alimentares, que o apoiam para expressar na prática sua criatividade e capacidade de inovação na cozinha.[12]

Sua cozinha multissensorial lança mão de todos os artifícios que provoquem reações em seus comensais. O conhecimento e a pesquisa sobre os mecanismos de percepção do sabor, isto é, a fisiologia do gosto, o levaram a criar os emblemáticos pratos: o "Sound of the sea" (Som do mar) e o "The flaming sorbet" (O sorbet flamejante). O menu do The Fat Duck é, entretanto, composto de equilíbrios e contrastes – do antigo com o novo, do moderno com o histórico.[13]

---

[12] Myhrvold, N. (2011) *Modernist cuisine: the art and science of cooking*. The Cooking Lab, Bellevue. vol 6. StarChefs, (1995a). http://www.starchefs.com/cook/chefs/bio/heston-blumenthal Consultado em 7.1.2014.

[13] The Fat Duck. "Heston Blumenthal Biography". Disponível em http://www.thefatduck.co.uk/Heston-Blumenthal/Biography/ Consultado em 4.3.2014.

Anexos

Duas séries para televisão destacam-se em seu currículo: *Kitchen chemistry* (A química da cozinha) e *In search of perfection* (Em busca da perfeição). Na primeira série, ele buscou desvendar alguns dos princípios por trás das transformações culinárias; na segunda, tentou recriar clássicos da cozinha internacional com o uso de técnicas de vanguarda, muita ciência e pesquisa para obter um resultado nada mais que perfeito.

Blumenthal tornou-se um entusiasta de história da cozinha britânica. Essa afinidade levou-o a recriar diversos pratos históricos. A experiência com a cozinha histórica resultou no programa de televisão *Heston's Feasts*[14] (Os banquetes de Heston).

Bibliografia principal
- *Historic Heston*. Bloomsbury Publishing, 2013.
- *Fantastical feasts*. Bloomsbury Publishing, 2010.
- *The (big) fat duck cookbook*. Bloomsbury Publishing, 2008.
- *Further adventures in search of perfection*. Bloomsbury Publishing, 2007.
- *In search of perfection*. Bloomsbury Publishing, 2006.

5. Chef – Joan Roca: Restaurante El Celler de Can Roca

A paixão que domina os irmãos Roca – Joan, Josep e Jordi – começou a ser forjada em Can Roca, o estabelecimento que seus pais mantinham em Taialà, um bairro nas redondezas da cidade de Girona, Catalunha.

Em 1986, os irmãos abriram seu primeiro restaurante, o El Celler de Can Roca, em um local próximo ao restaurante de seus pais. Joan, o primogênito, seria o chef-executivo; Jordi, o mais novo, ficaria responsável pelas sobremesas; e Josep, o irmão do meio, teria como responsabilidade o serviço de vinhos e supervisionaria o salão.

Em 2007 eles se mudaram para um espaço mais compatível com as características da cozinha que praticam. Dois anos depois, em 2009, receberiam sua terceira estrela no Guia Michelin.[15]

O restaurante foi eleito "o melhor restaurante do mundo" em 2014 pela lista The World's 50 Best Restaurants, publicada pela *Restaurant Magazine*.

A linha de trabalho dos irmãos Roca utiliza todos os recursos necessários para surpreender com uma cozinha inovadora, inteligente e com muito sabor. Eles são grandes estudiosos e dominam com maestria novas técnicas e ingredientes, o que lhes garante uma enorme precisão de sabor e textura nos pratos que fazem. Os irmãos Can Roca têm estudado e desenvolvido a utilização do *sous-vide* na cozinha. Também são considerados os precursores do uso do rotaval (evaporador rotativo a vácuo) na cozinha, trabalho este realizado em colaboração com Pere Castells. Além

---

[14] *Heston's Feasts*. http://channel4.com/programmes/hestons-feasts

[15] Celler Can Roca. http://www.cellercanroca.com/timeline/cuina_a.html. Consultado em 18.2.2014.
El Celler de Can Roca. Nuestra Historia, Una Fábula. Disponível em http://www.cellercanroca.com/menu/menu_e.html. Consultado em 4.3.2014.

dos vários pratos conceituais do mundo salgado, destaca-se a linha de sobremesas inspirada em notas aromáticas de perfumes (Eternity, da Calvin Klein, Trésor e Miracle, da Lancôme, Terre da Hermés etc.).

Bibliografia principal
- *La cocina al vacío*. Barcelona: Montagud Editores, 2001.
- *El celler de can roca: una sinfonia fantástica*. Barcelona: 2006.

6. Chef – René Redzepi: Restaurante Noma

Redzepi é um dos chefs mais influentes no cenário gastronômico internacional atual. Como a maioria dos grandes chefs da atualidade, fez estágio no elBulli. Seu restaurante Noma, com duas estrelas no Guia Michelin e eleito por três anos consecutivos (2010, 2011 e 2012) "o melhor restaurante do mundo" pela lista da *Restaurant Magazine*,[16] apresenta uma cozinha que se baseia em sua herança cultural, e nos produtos e técnicas da cozinha nórdica. O Noma e sua equipe defendem o uso de ingredientes locais, o que significa que os produtos de origem estrangeira não estão no cardápio, sendo substituídos por variedades autóctones.

René Redzepi e seu sócio, Claus Meyer – um dos proponentes do New Nordic Cuisine –, fundaram o Nordic Food Lab, um laboratório que pretende desenvolver novos alimentos, sabores e receitas com base nos produtos nórdicos para criar assim uma nova cozinha nórdica. Essa pesquisa aliada a um bom domínio das novas técnicas, ingredientes e tecnologias faz com que seu trabalho tenha um resultado muito criativo e original.

O movimento New Nordic Cuisine (Nova Cozinha Nórdica) é um manifesto apresentado em novembro de 2004 por chefs nórdicos, escritores gastronômicos e outros profissionais da alimentação que se reuniram com o propósito de discutir o potencial para o desenvolvimento de uma nova cultura alimentar nórdica. A reunião resultou em um manifesto de dez pontos para delinear a melhor maneira de desenvolver essa nova cozinha. Esse movimento teve ainda o apoio dos governos dos vários países nórdicos.

Bibliografia
- *Noma: time and place in nordic cuisine*. Nova York: Phaidon Press, 2010.
- *A work in progress: a candid look at a year in the life of Noma*. Nova York: Phaidon Press, 2013.

---

[16] The Worlds 50's Best Restaurants. Past List 2010. Disponível em: <http://www.theworlds50best.com/list/past-lists/2010/>. Consultado em 4.3.2014.

The Worlds 50's Best Restaurants. Past List 2011. Disponível em: <http://www.theworlds50best.com/list/past-lists/2011/>. Consultado em 4.3.2014.

The Worlds 50's Best Restaurants. Past List 2012. Disponível em: <http://www.theworlds50best.com/list/past-lists/2012/> Consultado em 4.3.2014.

7. Chef – Andoni Luis Aduriz: Restaurante Mugartiz

Andoni Luis Aduriz, que cursou seus estudos acadêmicos na Escola de Hotelaria de Donostia, inicia sua carreira de cozinheiro bem jovem. Além de aprender com os grandes chefs da culinária vasca, integrou a equipe do elBulli de 1993 a 1994. Em 1998, começa a trilhar carreira solo e abre o restaurante Mugaritz,[17] que é classificado como duas estrelas no Guia Michelin.

Aduriz, que também é conhecido pela sua atividade inovadora em colaboração com empresas e instituições relacionadas com a gastronomia, participa de projetos culturais, publicações, pesquisas e desenvolvimento de produtos. Dos projetos de investigação, sob o incentivo de programas nacionais de fomento, destacam-se hoje em dia: o Senifood, que tem como finalidade desenvolver alimentos nutricionalmente mais balanceados para pessoas senis, e o Portomuiños, projeto de investigação e desenvolvimento de novas aplicações com matérias-primas vindas do mar. Mantém, ainda, um trabalho com o centro de investigação alimentar AZTI-Tecnalia, cujo objetivo é criar, gerir e definir uma gama inovadora de produtos alimentícios práticos. Em parceria com essa instituição, publica artigos na revista científica *International Journal of Gastronomy and Food Science*.[18]

Bibliografia principal

- *Mugaritz: a natural science of cooking*. Nova York: Phaidon Press, 2012.

8. Chef – George Pralus

Pralus, assim como Bruno Goussault, é considerado um dos pais da cozinha a vácuo (*sous-vide*) na França.

Em 1979, Pralus abriu uma escola para ensinar as técnicas do *sous-vide*, com o apoio do chef Joel Robuchon, e teve como alunos os chefs Paul Bocuse, Alain Ducasse e Michel Bras.[19]

9. Autor – Harold McGee

Harold McGee é autor do célebre *On food and cooking*, uma ferramenta de referência de extrema utilidade para muitos chefs, e foi um dos co-organizadores dos primeiros seminários de Erice.

McGee escreve sobre a química dos alimentos e das transformações culinárias. Essa atividade começou como hobby depois que ele concluiu seus estudos no California Institute of Technology e na Universidade de Yale, na qual apresentou uma tese de doutorado com o título profético de "Keats e o progresso do gosto". Depois de vários anos como professor de literatura e escrita na

---

[17] Mugaritz. "Dossiers de prensa". Disponível em: <http://www.mugaritz.com/contenidos/index.php?id=es&se=6&su=25&ap=0>. Consultado em 4.3.2014.

[18] Mugaritz. "Investigación y Conocimiento". Disponível em: <http://www.mugaritz.com/contenidos/index_cocina.php?id=es&se=4&su=7&ap=0>. Consultado em 4.3.2014.

[19] Myhrvold, N. (2011) *Modernist cuisine: the art and science of cooking*. Cooking Lab, Bellevue. vol 1.

Universidade de Yale, decidiu praticar o que sempre tinha ensinado, isto é, como escrever um livro: não um de literatura, mas, sim, um livro sobre a ciência da vida cotidiana.

Foi colaborador da revista científica *Nature* e tem escrito artigos e colunas para muitas publicações, incluindo: *The New York Times, The World Book Encyclopedia, The Art of Eating, Food & Wine, Fine Cooking* e *Physics Today*.

O autor ministrou cursos no French Culinary Institute, em Nova York, e realizou palestras sobre a química dos alimentos em locais como o prestigiado Culinary Institute of America e em outras escolas profissionais, no Madrid Fusión, em várias universidades, na American Association for the Advancement of Science e na American Chemical Society.

Atualmente, ele trabalha em um livro sobre o sabor e escreve na coluna de ciência dos alimentos, "The Curious Cook", do *New York Times*.[20]

Bibliografia principal

- *The curious cook: more kitchen science and lore*. Wiley, 1992.
- *On food and cooking: the science and the lore of the kitchen*. Edição revisada e atualizada. Scribner, 2004.
- *Keys to good cooking*. Penguin Press, 2010.

10. Químico – Pere Castells

Pere Castells é um químico catalão. Ao longo dos anos, ele tem se dedicado à educação e pesquisa. Participou e ministrou cursos na área da ciência – foi, inclusive, coordenador científico do curso de Science and Cooking da Universidade Harvard até o ano de 2015 – e participa em projetos educacionais de investigação europeus. É membro do conselho da ACCA (Associação Catalã de Ciência dos Alimentos).

Em 2003, começa a trabalhar com Ferran Adrià no elBulli Taller e participa no desenvolvimento da sua cozinha técnico-conceitual. Em 2004, assume a responsabilidade pelo Departamento de Investigação Gastronômica e Científica da Fundação Alicia. Em 2007, inicia uma investigação conjunta com a Fundação Alicia e o El Celler de Can Roca para explorar as potencialidades da destilação dentro da alta gastronomia, com uso de evaporadores rotativos a vácuo (rotaval). Por fim, une-se à Adrià nos projetos da Bullipedia e elBulli Foundation.[21]

Nos últimos anos tem-se dedicado à implementação de relações de trabalho entre cientistas e chefs em busca de progressos na investigação gastronômica e científica. Sua pesquisa centra-se em questões relacionadas com as texturas e a introdução da tecnologia nas artes culinárias.

---

[20] Curious Cook. *About Harold McGee*. Disponível em: <http://curiouscook.typepad.com/site/about-harold-mcgee.html>. Consultado em 4.3.2014.

[21] Pere Castells. *Biografía*. Disponível em: <http://www.perecastells.com/Bio.html>. Consultado em 4.3.2014.

Anexos

Bibliografia principal

- Alicia & elBulli Taller. *Léxico científico-gastronômico: as chaves para entender a cozinha de hoje*. São Paulo: Editora Senac São Paulo, 2008.
- Castells, P. et al. *Química, 1 Batxillerat*. Mcgraw-Hill de España, 2012.
- Castells, P. et al. *Química, 2 Batxillerat*. Mcgraw-Hill de España, 2013.

Anexo IV

Filmes sobre gastronomia

A cozinha antes da nouvelle cuisine

Vatel: um banquete para o rei (1999)

- Sinopse

O ano é 1671 e o rei Luís XIV vive em Versalhes. No norte da França, o príncipe de Condé, enterrado em dívidas, planeja uma solução para fazer com que não só ele mas toda a província fique livre das dívidas: convida o rei para passar um final de semana recheado de iguarias e entretenimento. Se o príncipe conseguir cair nas graças do rei, toda a região será salva do desastre econômico. Apenas um homem, porém, poderá preparar um banquete suntuoso e, ao mesmo tempo, cuidar da diversão real: François Vatel, o mordomo do príncipe. Mas no decorrer do trabalho resultante da preparação para a visita real, Vatel se apaixona pela bela Anne de Montausier, o que atrapalha os planos do príncipe de Condé.

- Objetivos

Mostrar aos alunos como funcionava a cozinha na época do apogeu da nobreza francesa, pela fascinante história do cozinheiro François Vatel. Além das belíssimas cenas do grande banquete, podemos perceber como a refeição era celebrada com outras manifestações artísticas, em uma experiência que envolvesse todos os sentidos, exatamente como proferem os chefs de hoje em dia. Reza a lenda que o creme de chantili teria sido criado para essa ocasião, mas essa informação não é muito precisa uma vez que na Itália, em período anterior a esse, já havia registros de preparo do creme.

A festa de Babette (1987)

- Sinopse

Dinamarca, século XIX. Filippa e Martine são filhas de um rigoroso pastor luterano. Após a morte do religioso, surge no vilarejo Babette, uma parisiense que se oferece para ser cozinheira e faxineira da família. Muitos anos depois, ainda trabalhando na casa, ela recebe a notícia de que ganhou um grande prêmio na loteria e se oferece para preparar um jantar francês em comemoração ao centésimo aniversário do pastor. Os paroquianos, a princípio temerosos, acabam rendendo-se ao banquete de Babette.

Anexos

- Objetivos

Ressaltar a importância do convívio e do poder transformador de uma refeição. Os pratos elaborados pela personagem fazem uso de ingredientes exóticos e das mais diversas procedências. Dessa maneira, o aluno pode inteirar-se da estética dos pratos da cozinha clássica francesa à Escoffier.

Tampopo: os brutos também comem espaguete (1985)

- Sinopse

Tampopo é uma viúva, dona de restaurante, determinada a dominar a arte do *ramen* - tradicional macarrão de origem chinesa. Nesse processo ela é orientada por Goro, um misterioso motorista de caminhão e especialista no assunto.

- Objetivos

Fazer um contraponto entre a cozinha oriental e a ocidental, sobretudo no que diz respeito às técnicas de preparação de algumas receitas (caldos, *ramen* etc.), à estética dos pratos e aos hábitos à mesa. Vale ressaltar a antológica cena em que um grupo de japoneses vai jantar em um restaurante "rococó" (e decadente) francês, porém eles não sabem usar os talheres e vertem a sopa fazendo ruído.

A nouvelle cuisine e depois...

Ratatouille (2008)

- Sinopse

Paris. Remy é um rato que sonha tornar-se um grande chef. No entanto, além de sua família ser contra a ideia, pesa o fato de que, por ser um rato, ele é sempre expulso das cozinhas que visita. Um dia, enquanto estava nos esgotos, fica precisamente sob o famoso restaurante de seu herói culinário, Auguste Gusteau. Decide visitar a cozinha e lá conhece Linguini, um atrapalhado ajudante que não sabe cozinhar e precisa manter o emprego a qualquer custo. Remy e Linguini fazem uma parceria em que Remy fica escondido sob o chapéu de Linguini e indica o que ele deve fazer ao cozinhar.

- Objetivos

Apesar de ser uma animação voltada para um público mais jovem, o filme *Ratatouille* é bastante interessante pela concepção detalhada da cozinha, sua hierarquia, equipamentos etc. A estética dos pratos e o retorno ao simples lembram bastante os preceitos da nouvelle cuisine. Vale ressaltar que o filme contou com a consultoria especializada de chefs, em especial o americano Thomas Keller, para a construção dos personagens e cenários.

Cozinha Modernista

***Entre les Bras* (2011)**

- Sinopse

Em 2009, o chef francês Michel Bras, responsável por um dos melhores restaurantes do mundo, com três estrelas Michelin, decide passar o negócio ao filho, Sébastien, que já trabalha com ele há 15 anos. *Entre les Bras* conta a história de pratos extraordinários, preparados por pai e filho, na região de Aubrac, no sul de França. Esse filme é, simultaneamente, uma homenagem a um dos maiores chefs franceses e uma bela reflexão sobre a transmissão de saberes, de uma herança.

- Objetivos

Aprofundar o conhecimento acerca dessa figura tão importante que é o Michel Bras e o "naturalismo culinário". Além disso, o filme fala de tradição e da transição da cozinha entre diferentes gerações, que pode ser útil pela óptica da reflexão sobre a busca por um estilo pessoal na cozinha.

Cozinha modernista

***elBulli, historia de un sueño – La película* (2010)**

- Sinopse

elBulli, historia de un sueño reúne a informação audiovisual mais abrangente já filmada sobre o restaurante de Cala Montjoi (Roses). Um novo conceito de documentário, dividido em dez capítulos. Nos primeiros nove, são coletados os fatos mais importantes da história do elBulli, desde sua criação em 1956 pelo Schillings até os tempos atuais. Uma viagem minuciosa e completa pelos sucessos gastronômicos de elBulli e as vivências de seus protagonistas, um autêntico catálogo audiovisual que registra todo o percurso culinário até os dias de hoje. E um décimo capítulo especial, "Un dia en elBulli", que filma toda uma jornada diária do estabelecimento, acompanhando cozinheiros, garçons e comensais, desde o amanhecer até o último cliente, para capturar do modo mais realista possível como se vive dia a dia no restaurante de Roses. Além disso, no documentário, temos uma montagem realizada em formato mais reduzido sobre a história do elBulli.

- Objetivos

Essa impressionante obra documenta em detalhes a genialidade de um dos maiores chefs de todos os tempos: Ferran Adrià. Tanto na versão estendida como na compacta que sugerimos para começar, o aluno poderá se inteirar do processo criativo e de inovação em alta gastronomia. Muitas técnicas e conceitos – como eles surgiram e no que eles se transformaram – são esmiuçados ao longo do filme.

Anexo V

Estruturas químicas

Metilcelulose

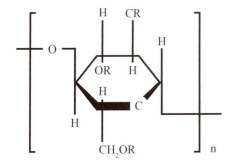

Fonte: http://www.fao.org/ag/agn/jecfa-additives/specs/Monograph1/Additive-277.pdf

Goma xantana

Fonte: http://www.lsbu.ac.uk/water/hycar.html

Ágar

Fonte: http://www.lsbu.ac.uk/water/hycar.html

Alginato de sódio

Fonte: http://www.lsbu.ac.uk/water/hygel.html

Anexos

Amido

(a)

(b)

Amido, constituído por amilose (a) e amilopectina (b). Fonte: http://www.lsbu.ac.uk/water/hygel.html

Maltodextrina

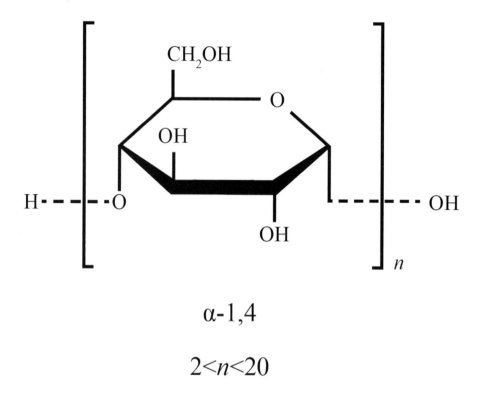

$\alpha\text{-}1,4$

$2 < n < 20$

Fonte: http://www.chemblink.com/products/9050-36-6.htm

Anexos

Lecitina

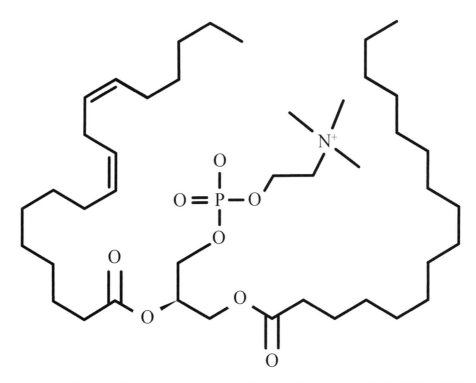

Fonte: http://www.chemicalbook.com/ProductChemicalPropertiesCB1242041_EN.htm

AGRADECI

Em primeiro lugar, quero agradecer à minha orientadora e coautora deste livro, Paulina Mata, que possibilita tudo a seus alunos. Sua enorme paciência faz com que oriente e informe com tanto amor. Grande pessoa, grande mestra!

A muitos outros professores, como Catarina Prista, Manuel Malfeito, Ana Lourenço, Margarida Guerreiro, Virgílio Gomes, Fausto Airoldi, Anabela Raymundo e Cristiana Nunes, que dividiram seus conhecimentos com tamanho amor.

À querida amiga Susana Ramos, que me apoiou e me incentivou com dedicação e carinho. Ela disponibilizou seu tempo, de um continente a outro, e transformou em realidade projetos e sonhos que reuniram nossas experiências.

À minha turma de mestrado: João Ferreira, Maria José, Renato, Vanessa, Clara, Rute, Vítor, Catarina, entre outros.

A toda minha querida equipe de pesquisa: Angela, Marcelo, Bernardo, Lucio, Juliana, Diego, Arnaldo, Mariana; e a todos os meus amigos do Senac RJ, que apoiaram o projeto de pesquisa de vanguarda, desenvolvido ao longo de 2013, 2014 e 2015, em especial a Francine Xavier, Marcelo Scofano, Alessandro Trindade e Sonja Salles.

A todos os meus amigos, que pouco me viram em 2013 mas sempre me apoiaram: Anabela, Mariano, Kátia, Flávia, Joy, Luziana, Sergio, Carli, Claudia e Marcelo Scholte.

Ao Bruno Moreira Leite, por tantas traduções e pelo apoio irrestrito.

Ao Osvaldo, grande amigo que me apoiou com um sem-número de projetos em comum.

À família, acima de tudo ao meu pai, à minha irmã, Liliana, ao meu cunhado Alexandre e, mais ainda, à minha mãe, Lou, e aos meus filhos, Tito e João Ivo, que sempre me acompanharam e me apoiaram neste projeto – acompanharam mesmo, já que se mudaram comigo para Portugal.

Gisela Abrantes

MENTOS

Fazer o que gostamos contribui para uma vida mais feliz. Fazer o que gostamos e dividir isso todos os dias com pessoas que têm interesses em comum, que nos desafiam, que nos levam a pensar mais, aprender mais... é muito bom, é mesmo uma sorte! É o que me acontece no contato diário com os alunos do mestrado em ciências gastronômicas na Faculdade de Ciências e Tecnologia da Universidade Nova de Lisboa.

Foi nesse contexto que cruzei com a Gisela Abrantes, cujo conhecimento é complementar ao meu, com muita generosidade para compartilhar, vontade de aprender, vontade de viver e de fazer mais, diferente, melhor. E tudo com uma energia e um dinamismo que invejo. Meu primeiro agradecimento não pode deixar de ser para ela, coautora deste livro. É um privilégio ter alunos assim, que nos desafiam e nos fazem crescer. É um privilégio ter uma amiga assim.

A todos os meus alunos do mestrado em ciências gastronômicas, que de um modo ou de outro me desafiam sempre, me estimulam a ultrapassar barreiras, e sobretudo me levam a pensar, discutir e falar dos assuntos que me apaixonam: a ciência, a cozinha e sua inter-relação.

Aos meus amigos que vivem a cozinha com a mesma paixão, mas cada um do seu jeito. Nossas inúmeras e animadas conversas e discussões, frequentemente em volta de uma mesa, outras vezes de forma virtual, contribuíram muito para o que sou e sei.

Aos meus amigos que não compartilham essa paixão. É que a vida não é só o que comemos e como comemos... eles são fundamentais para deixar a minha vida mais completa.

A toda a minha família, e em particular à minha mãe, ao meu pai, às minhas irmãs, ao meu irmão e a minhas sobrinhas e meus sobrinhos. Pela vida que dividimos e que continuaremos a dividir.

E, por fim, às minhas filhas, Maria do Mar e Violeta, e ao meu neto, Lucas, de fato as maiores paixões da minha vida. Tenho de reconhecer paixões maiores ainda do que aquela que tenho pela ciência, pela cozinha.

Também agradeço a você, que está lendo este livro, porque foi para quem o escrevemos!

Paulina Mata

SOBRE AS
GISELA ABRANTES

Foto: Mario Lourenço

Mestre em Ciências Gastronômicas pela Faculdade de Ciências e Tecnologia da Universidade Nova de Lisboa (FCT-UNL), Gisela Abrantes traz na bagagem o tempero e as técnicas da cozinha italiana, adquiridos em sua formação no Italian Culinary Institute for Foreigners (ICIF).

Sua formação inclui ainda cursos com alguns dos mais renomados chefs, como Nick Malgieri, Spike Mendelsohn, Nicolas Galland, Laetitia e Sthéfane Cosnier, Alain Passard, Oriol Ivern e Guillem Pla, Laurent Suaudeau, este último dono da Escola de Arte Culinária Laurent, em São Paulo, e ícone do aprendizado técnico na área da culinária.

Docente e coordenadora do Departamento de Pesquisa do Senac RJ, além de chef e proprietária do Buffet Gitrendyfood, Gisela dedicou os últimos 12 anos de sua vida profissional à pesquisa, ao treinamento e à consultoria no campo da gastronomia. Como resultado, foi agraciada com o primeiro lugar tanto no Concurso de Gastronomia Orgânica e Funcional no Mega Evento Nutrição 2014 do 15º Congresso Internacional de Gastronomia e Nutrição quanto na categoria "Sobremesas" do concurso promovido em 2006 pelo Senac São Paulo, "Casamentos que deram certo", com a receita Chips de tapioca com chocolate e banana.

Desde 2018, Gisela atua como jurada do programa *Cozinheiro vs Chefs* e como apresentadora do programa *Caminhos do chef*, ambos do Sistema Brasileiro de Televisão (SBT).

AUTORAS
PAULINA MATA

Doutora em Química Orgânica pela Faculdade de Ciências e Tecnologia da Universidade Nova de Lisboa (FCT-UNL) e formada em Engenharia Química pelo Instituto Superior Técnico da Universidade de Lisboa, Paulina Mata é coordenadora e professora no Mestrado em Ciências Gastronômicas, uma parceria da FCT-UNL com a ISA-UL (Instituto Superior de Agronomia da Universidade de Lisboa).

Desde 2005, ela é membro do Advisory Subcommittee da Chemical Nomenclature and Structure Representation Division (VIII) da International Union for Pure and Applied Chemistry (IUPAC). Dedica-se ao desenvolvimento de aplicações tecnológicas da gastronomia molecular e participa de atividades que conectam cozinha e ciência na Ciência Viva, uma associação criada pelo Ministério da Ciência e da Tecnologia de Portugal.

Escreveu regularmente, durante cinco anos, sobre temas relacionados com cozinha e ciência para o jornal *Diário de Notícias* e a revista *Inter Magazine*, para os quais continua a colaborar. Também participou de AB Ciência, série de 13 programas de divulgação científica exibida na Rádio e Televisão de Portugal (RTP1).

Autora de *Aprender Ciência de forma divertida e saborosa: sugestões de experiências para fazer em família, Ciência Viva, 2009* e *A cozinha é um laboratório*, estes últimos em coautoria com Margarida Guerreiro, sua atuação já lhe rendeu o Prêmio BES Inovação por um trabalho desenvolvido pela Cooking.Lab, de Lisboa, e o prêmio 1er Prix Exploration, organizado pelo site Sciences & Gastronomy, com apoio de Hervé This AgroParisTech.

A Editora Senac Rio publica livros nas áreas de Beleza
e Estética, Ciências Humanas, Comunicação e Artes,
Desenvolvimento Social, Design e Arquitetura, Educação,
Gastronomia e Enologia, Gestão e Negócios, Informática,
Meio Ambiente, Moda, Saúde, Turismo e Hotelaria.
Visite o site www.rj.senac.br/editora, escolha os títulos de sua
preferência e boa leitura.

Fique atento aos nossos próximos lançamentos!
À venda nas melhores livrarias do país.

Editora Senac Rio
Tel.: (21) 2545-4819 (Comercial)
comercial.editora@rj.senac.br
Fale com a gente: (21) 4002-2101

Este livro foi composto nas tipografias Source Sans
Pro, Gilroy e Big John Pro e impresso pela Edigráfica
Gráfica e Editora Ltda., em papel *couché matte*
150 g/m^2, para a Editora Senac Rio, em junho de 2019.